U0553522

12

INTERVIEWS: Artists

十二次访问：
艺术家

李镇 著

机械工业出版社
CHINA MACHINE PRESS

序言：未名星丛的五个入口

　　《十二次访问：艺术家》是研究者李镇对于十二位艺术家的访谈集。每篇访谈基于两到三小时的现场对话整理而成。这陆续持续了一年的项目呈现了十二枚闪着经验光泽的切片，不仅呈现了种种线索清晰的探索，也真实刻录了实践过程中的迟疑、摇摆和不确定性。十二位艺术家出生于1981年至1987年之间，她／他们的艺术实践大多始于后奥运时代，与上一辈中国艺术家相比，个人轨迹中有着更为频繁的跨国流动，基于中西二元对立的笼统认知也被复杂的世界重构（reworlding）和重返地方的实践所取代。从北京奥运会至全球新冠疫情的十几年经历了保守主义和国家主义兴起，后冷战的地缘转向，媒介和科技跃进，以及逆全球化的暗流涌动，同时也标志着"中国当代艺术"作为国际当代艺术界的现象由高潮转向消散。这一背景下，来自中国的艺术家们如何在全球和地方缠绕互动中，在地现实和虚拟空间的交叠下，在媒介的迭代转换中推进自己的艺术实践？这一问题一直萦绕在所有的访谈背后。在受访者庞杂的自述中，我提炼出五个观察视角：交错的共时、普遍精神性、日常性表演、地方地理的自觉、技术与感性。试图以此将这些相对独立于彼此的个人讲述串联成一束互为指涉的动态星丛。五个视角均以艺术家实践中的意象为暗喻式的引领，既是打开《十二次访问：艺术家》的五种方式，也是进入未来研究的五个入口。

入口 1：夜行动车
#交错的共时#

王拓的"东北四部曲"《扭曲词场》中闪现过一列夜行动车的车厢，LED 屏上滚动着"夕发朝至，夜行两千里"的速度宣言。正如与之并行的《菊花之约》文本提示的那样，这个高速之旅也许就是一个在不同历史时空中穿梭的旅程。在王拓的"东北四部曲"中，夜行动车与鬼魂、游荡的朝鲜士兵、出神的萨满一样，皆是跨历史的媒介 (trans-historical medium)，穿梭跳跃于历史的各种废墟时刻。如果说"东北四部曲"隐含着对于新民主主义遗产和东北复杂的现代化进程的解构和历史重组，王拓的《共谋失忆症》《奠飨赋》等其他作品亦锚定于 20 世纪现代性的跨历史感知。在王拓文学性的影像写作中，"东北"既是历史经验的堆垒，也是感觉结构 (structure of feeling) 和意识形态的结晶。正是在与当下和未来的交错往返中，王拓不断去抵达思辨式的历史感知 (speculative historical sensibility)。

与王拓不同，关小在创作中往往将古代器物从历史语境中剥离，与从网络下载的图像素材并置，消解其纵深的时间质地，回归网络环境中图像野生的杂驳与平等。在她看来，这些"古代雕塑和器物与现在的文化背景脱节，因此产生了一种更加纯粹的抽象美"，而"用当代的方式编辑古代的东西，会产生一种矛盾感和破坏力。"她认为从文艺复兴时期开始的西方分类系统在今天已经细化到疯狂偏执的地步，严重地影响了想象力的释放，也影响了价值观的更替。对她而言，互联网有效地打破了古老的分类系统。与其说是刻意的去历史化，不如说关小探索物体和材料时体现的复杂趣味与我们在网络时代遭遇历史时的状态有共通之处。

她在一种看似无序、全部融合的状态中进行拼贴式的工作和思考，爆破出更多的矛盾感和破坏力。与此种断裂的历史感知相呼应，其他几位艺术家都迸发出对于怀旧式未来感的迷恋。比如，罗蔷的"未来公民"项目试图借用未来反思当下，她认为未来越荒诞就越能引领我们反思当下。法国艺术史学家达尼埃尔·阿拉斯曾经提问，艺术中错置的时间性是否存在一种"当代"（同时代），不仅是一个共同体共享的时间，也是所有同时代人、甚至所有世代的人共享的时间？艺术家实践中提示的"交错的共时"与其说是一种变异，是否也已成为我们从当下感受历史的常态？

入口2：宝塔瓶

#普遍精神性#

"宝塔瓶"是三国两晋时期长江中下游地区流行的明器"魂瓶"。陈轴被其形态和概念深深震撼。他经过重新设计，与水晶球、盆景、佛珠、硬盘、光盘、打印机并置，使之成为一种精神性符号。纵观历史，每当一个时代陷入危机与迷雾，总会有许多艺术家转向精神性和神秘主义去寻找灵感与启示。陈轴的"危机与迷雾"部分产生于对于艺术圈机构系统生命力的巨大怀疑，"当资本的面纱从机构系统被撕开的时候，里面可能竟然是一具白骨"。陈轴的直觉告诉他应该走向一个"更大的层面和基数去创作"，但是从机构系统的预警跳出来并不容易。陈轴作品散发的视觉上的疏离和冷漠正是源于他对于系统之间的暴力关系的兴趣形成共鸣。信息时代的孤独同时催生着另一种内在的危机。灵魂和肉身在虚拟世界中正化成一张图片或者一堆数据，在虚拟世界的各个港口漂泊。而陈轴对于藏传佛教的兴趣则可以理解为是一种抵制虚无的途径。与陈轴和关小一样，司马源也将佛教作为获得"觉知"的方式，每日持诵《大悲咒》并抄写《心经》。她联合创办的"水头电台"的第一期《禅与革命》介绍了受禅宗思想影响的约翰·凯奇和艾伦·金斯伯格。对于司马源来说，艺术与吃饭一样可以自然而然地发生。经由意识和身体的转变，我们得以洞察诸多可见、不可见与想象的维度，这种普遍精神性是否是世界陷入僵局之时启发艺术创作的缘由？

入口 3：抖音
#日常性表演#

陶辉 2019 年的作品《跳动的原子》由艺术家实地拍摄的素材构成，一位中年女性晚会歌手声情并茂的播报将看似无关的生活片段串联。如果说陶辉创作这个作品是一个艺术家模仿短视频的形式，2020 年在抖音发布的五集系列短剧《类似装扮》就是陶辉从录像艺术家到短视频创作者身份转换的实验，也是当代艺术实践经验对抖音视觉语言与叙事手法的介入。陶辉长期关注的就是每一帧图像在不同的时空中如何和观众产生关系。当社交软件的沉浸式交互体验让渴求情感的用户轻易获得瞬时连接之时，短视频平台成为通往另一个世界的入口；其作用并非在于解放身体，而是把情绪和情感合理地商品化。但是悖论在于当我们化身全情投入的数字劳工之时，包括艺术家在内的媒介使用者都难以应对社交网络带来的孤独感。陈轴和陶辉的自述似乎都流露出此种悖论。

入口 4：黑桥
#地方地理的自觉#

2019 年麻剑锋在名为"金银岛"的伦敦个展上，他对于廉价纸板和木棍的使用令当地观众产生集会、游行、示威的政治联想。这种政治化的解读虽然不是麻剑锋的初衷，但这一刻令他意识到材料的临时性与他创作空间的不稳定性有着很大关系。据他所言，"从宋庄到黑桥，从黑桥到罗马湖，从罗马湖到草场地，在北京的工作和生活好像总是非常临时，这次在伦敦带有驻留性质的个展与其他各种驻留同样非常临时。"麻剑锋极不稳定的创作空间勾勒出他这一代艺术家普遍不稳定的地理关系。与他周围的很多艺术家一样，麻剑锋对于权力关系的深度认知很大程度来源于 2015 年左右遭受的黑桥艺术区拆迁。而对于余果，他对于地理空间的体认最初来源于 90 年代随父母从四川通江到海南文昌再到重庆的迁徙。作为艺术家的余果逐渐在与激烈空间、激发研究所的"不周山"等行走性研究项目建立起地方地理的自觉。这些项目也为他提供了一个共同工作的契机，不断与他人保持张力，以防个人实践中逐渐圆熟的自洽。相比其他艺术家，刘成瑞的实践带有更为具身的痛感。他在西北实施的"十年计划"、青海的"澜沧江计划"以高度的真诚与当代的普通人建立长时段的沟通与共鸣。而那些来自地方现实的痛感又何以在实践中被命名？

入口 5：巴西蝴蝶
＃技术与感性＃

蒋竹韵在展览"自助时光"中的第一件作品《春神》是一只雌性巴西蝴蝶春神（巴西国蝶），用十字绣的数码化处理，让画面放大到像素点级别。画面上的字样、规格无不提示着这是一个图像，一个工艺品的初始阶段。从这只蝴蝶进入，我们看到蒋竹韵以数字技术为基底的作品逐渐回避数字媒介平滑的质感，转而选择了更为原始的算法和手工技艺。这也指向蒋竹韵近来试图处理的问题之一，那就是艺术感性与解决问题的技术理性之间的张力。这种张力其间的一个维度是他所说的技术乡愁。蒋竹韵认为自己这一代人在从模拟向数字过渡的阶段成长起来，因此会有一些对模拟设备的情结，而反思技术（并非盲目拥抱技术进步）才是这种技术乡愁的核心，也是推动技术创新的动力。相对照之下，徐维静的生物艺术实践中也暗含着对于技术的反思。她以出人意料的方式使用最新的科学想法和实验性材料。她的作品不仅涉及感官，也探讨了我们当今所面临的有关人性与自然和科技之间的关系等问题。艺术家的角色，如同科学家一样，在不断定义什么是生命，以及生命的意义。如何突破技术乐观主义，把技术看作是劳动组织、意识形态、文化以及对于权力和未来的想象依然是艺术家持续打开的议题。

坦诚地讲，十二个艺术家自述中最难得的是那些散落于字里行间的迷茫和不确定，还有藏在文字背面的摇摆。不管艺术家还是读者，都需要对于自圆其说的顺滑抱有怀疑，因为那毕竟不是实践的常态。真实的实践往往是颠沛的曲折、是对于自我的怀疑，是不断面对混沌、编辑混沌的过程。如陈轴所说，"建设性模糊"作为工作方法就像"按照一种完美的逻辑去构建一个房子，但是构建的却是一个未知而模糊的结果"。暗含新转机的正是这种未知和模糊。

于渺

2022 年 6 月 4 日，北京

目 录

王拓

历史的迷宫

天气状况	晴／晴
气　温	2℃／-8℃
风力风向	西北风 1~2 级／西北风 1~2 级
采访时间	2021 年 1 月 9 日，星期六，11∶00—13∶00
采访地点	星巴克，北京市朝阳区酒仙桥路 12 号

四年以来，王拓一直在拍他的"东北四部曲"，一半时间在东北，一半时间在北京。2020年12月初，王拓告诉我他计划月底回京，我们可以约定见面。但是疫情反复让他担心回北京之后再回长春可能会耽搁拍摄进度，因此没有回京。我们再次约定春节前一定见面。两周之后，王拓突然临时回京办事，我趁此机会在他家附近的咖啡馆采访了他。

东北四部曲

"东北四部曲"的前两部是 2018 年的单频影像《烟火》(Smoke and Fire)和 2019 年的三频影像《扭曲词场》(Distorting Words),疫情期间王拓一直在拍后两部,单频影像《通古斯》(Tungus)和双频影像《哭阵门》(Wailing Requiem)。2009 年王拓开始在清华大学美术学院读研,认认真真画了三年画,2012 年去美国留学读研还是学画画,同时开始做影像,之后一直待在美国。2016 年王拓回国一个多月,在泰康空间做了第一个个展"失忆事典"(A LITTLE VIOLENCE OF ORGANIZED FORGETTING),后来以这次个展为契机,2017 年 10 月正式回国。回国之后,王拓创作的一条主要线索就是东北,同时还有其他几条线索一起推进。就像回到原点一样,他把主要的精力和时间都放在了东北,不只是进行所谓的调研和考察,更重要的是需要和那边的城市发生特别真实的关系,简单来说,就是得在那边过日子、认识新朋友。受疫情影响,上海双年展从去年(2020 年)11 月推到今年 4 月,委任作品《通古斯》的拍摄进度也慢了下来,好在今年 6 月尤伦斯当代艺术中心的个展可以完整呈现"东北四部曲"和其他几条线索的作品。在东北拍片总是很难,天气太冷,经费有限,加上很多人为因素,他的工作举步维艰,很缓慢、一点点地往前推进。剧组里的一位小伙在看契诃夫的《萨哈林旅行记:探访被上帝遗忘的角落》,大家感觉好像就是在经历那样一种自我流放的创作过程。每次回到北京,他都有一种分不清哪个生活更真实的感觉。在城市的身份和在原点的身份哪个更真实其实也是"东北四部曲"中隐含的一条线索。

王拓告诉我，在东北完全是一种纯粹的生活状态，大家考虑父母、考虑孩子、考虑基本的生存问题，别说没人聊艺术，就是聊精神的人都很少，但是他现在也很喜欢这种生活状态，也许没有艺术的生活才更真实。

"东北四部曲"的开始有两个原点，但是直到最近一两年王拓才发现这两个原点其实和自己的关系特别大，好像自己冥冥之中总在寻找一个情感的点，最后恍然大悟，原来这个情感的点早就埋在自己的身体里，不是你找到它，而是它找到你。具体来说，这两个原点一个与东北地区的萨满活动有关，另一个与1948年长春解放有关，整个"东北四部曲"的核心就是这两件事，尤其是《通古斯》，虽然也有几条线索，但是整个时代背景就是长春围城。王拓记得小时候去扫墓，南湖公园的长春解放纪念碑上写着"19481019"几个大字，那是围城最后一天解放的日子。大历史的叙述与老百姓的记忆并不完全一致，他试图在这种矛盾中寻找一种新的历史观。王拓从萨满的概念扩展出了"泛萨满化"的概念，即一种所谓的出神体验，而这种出神体验又与从此时此刻的一个点跳跃到另一个时刻的另一个点去看时空的历史观相通。一方面，在跟姨妈吃饭聊天的时候，他才知道自己姥姥的妈妈就是一位萨满，而且是村子里德高望重的萨满，但是姥姥小时候就特别害怕妈妈出神，所以不太愿意提起这事。另一方面，自己的姥爷参加过抗日战争和解放战争，解放战争期间就在四野，但是他始终没有多想，后来向家里人求证才知道姥爷就是长春围城的亲历者。原来，他的家族与萨满和围城这两件事都直接相关。

泛萨满化

2018年，王拓开始着手创作"东北四部曲"并先后拍出了《烟火》和《扭曲词场》。虽然前两部出现了一些神神鬼鬼类似萨满的精神活动，但是始终没有出现真正的萨满，其实都是后两部的铺垫，四部之间都有很强的关联性。王拓告诉我，在第三部中出现了一种与萨满有关的在韩国、朝鲜和中国朝鲜族聚居区流行的源于民间劳作的传统四物打击乐协奏（包括鼓、大鼓、大锣、小锣四种乐器），在第四部中出现了二人转，二人转是从跳大神里来的，跳大神又是从萨满里来的，它们有一个演进的过程，但是这些元素在片子里最后也变成了一种集体出神体验，所以想要穿越时空，其实并不需要真正的跳大神和萨满，每个人都会有这种超越理性的"酒神时刻"的体验。王拓认为，艺术家做作品也是这样，大概的路径和方法差不多，只是对象和话题不同，研究只是一个理性的铺垫，都是为了等待一个瞬间把所有理性的铺垫全部推翻，那个瞬间特别重要，但是可遇不可求，需要走出书房、走出材料，不带任何知识准备地与人交流、与环境融合，然后突然被连接到一些点上。对他而言，这种连接是有启发性的。当然，那种通过梳理文献建立理性联系的事情可以做，也可以让人产生智力的愉悦感，但是艺术中最让人着迷的东西其实是一种非理性、非逻辑、非因果的感性联系。

2018 年春节期间，王拓在思考如何入手开始创作的时候，"张扣扣事件"的新闻引发了广泛的讨论。他关注了很久，并因读到关于张扣扣人生经历的报道而深受震撼。他觉得，张扣扣事件映射出一种矛盾和非理性的社会现实，这个社会现实像一个沉默的庞然大物，让我们都看不清、摸不透，当张扣扣离开城市返回家乡时，拨开农民工身份的外壳之后看到的是"复仇者"身份的内核。《烟火》中以张扣扣为原型的男主人公是一条主要线索，而《扭曲词场》中的另一条主要线索则是以"五四烈士"郭钦光为原型的男主人公。王拓告诉我，《通古斯》中也有一条"五四"的线索，一位曾经参加五四运动、长春围城之际已经 50 多岁的教书先生，教书先生在现实中因饥饿而死，但在幻觉中选择了自缢。对王拓而言，如何从一个更大的历史（从 1919 年的郭钦光到 2019 年的张扣扣）中反思五四运动和现代性断裂是一个挺重要的问题。《扭曲词场》改写了两个故事。一个是蒲松龄《聊斋志异》中《缢鬼》的故事：一个想要上吊的书生在客栈中看到一个不停地上吊的女鬼，一个人可以看到另一个"人"不停地上吊是因为二者有一个共同的愿望，他们在同一个时空中做出同一个选择，历史的轮回被这个动作激发和见证；另一个是史蒂文森（Matilda Coxe Stevenson）在针对新墨西哥州祖尼人的田野调查中提及的案例，该案例在克洛德·列维－斯特劳斯的《结构人类学》中被引用：一个为了摆脱萨满罪名的男孩只有在编造了萨满存在的情况下才能脱罪，害怕萨满的人才是真正相信萨满的人，因此没有萨满，萨满是人的意识形态构造出来的东西。《通古斯》引用了陶渊明《桃花源记》的故事：两个围城士兵在逃离长春返回家乡济州岛的途中遭遇了鬼打墙，二人一路谈论陶渊明《桃花源记》中的故事，最终发现自己其实已是两个永远在原地打转转的亡灵。《烟火》同样引用了三个故事，一个是与张扣扣案形成对照的民国时期的施剑翘案，另外两个都是《寓林折枝》中的志怪故事。关于两则志怪故事的意图，观众有各种各样的猜测。在《哭阵门》中，以张扣扣为原型的男主人公再次出现，在城里打工的一段生活告诉我们，男主人公其实有一位说不清、道不明的同性情人。二人在共处一室的时候关系似乎很远，而在分别返乡的时候则开始逐渐产生交集。男主人公杀人的一刻，情人正在直播演唱二人转，二人在另一个时空中因出神而连接，最后通过抖音、快手等社交媒体引发了一种所谓的集体出神体验。

伤痕与记忆

在"东北四部曲"的线索之外，王拓的创作另有一条线索是关于伤痕和记忆的，比如 2016 年个展"失忆事典"中的影像作品《奠飨赋》

（Meditation on Disappointing Reading）和 2019 年的群展"忘忧草：考古女性时间"（FORGET SORROW GRASS: AN ARCHAEOLOGY OF FEMININE TIME）的委任影像作品《共谋失忆症》（Symptomatic Silence of Complicit Forgetting）。

《共谋失忆症》讲述了一个非常扭曲的故事：一位年轻红卫兵在一个破败的图书馆里读到一则寓言——一位书生搬到村里生活，村里人看书生人好、又有文化，就开始帮书生找对象，但是书生找不成，大家感到很疑惑。书生给出的原因是，自己从小没有父亲，是母亲一手带大的，自己特别年轻的时候母亲就死了，因此心有愧疚，对其他女人没法产生感情，但是只有一种可能，就是找一个与自己母亲一模一样的女人，作为母亲的替代去报恩。后来书生果然找了这样一个妻子，但是书生在恍惚之中逐渐把妻子当成了母亲的化身，认为自己的存在是母亲升天的羁绊，最后选择了自杀。妻子始终不明白丈夫为什么自杀，就把房间布置成阴气极盛的房间，希望与丈夫继续生活在一起。终于，母亲的死因被一位有相似经历的中年作家揭开，原来中年作家就是年轻红卫兵，母亲死于年轻红卫兵参与的一次批斗。故事环环相扣，古今轮回，而德国学者阿莱达·阿斯曼（Aleida Assmann）在《遗忘的形式》（Forms of Forgetting）一书中提出的"共谋性遗忘"则由此表达出来。

《奠飨赋》的文本来自美国作家赛珍珠（Pearl Sydenstricker Buck）的小说《梁太太的三个女儿》（The Three Daughters of Madame Liang）。赛珍珠曾是中国人民的好朋友，后来因与林语堂决裂而被中国许多作家讨厌，同时，即使获得了诺贝尔文学奖，她仍然不被美国的主流作家待见，始终不在西方谈论的美国女性作家范围之内，属于姥姥不亲、舅舅不爱的作家。20 世纪 90 年代以来，赛珍珠重新受到中美两国的重视，但是

《梁太太的三个女儿》至今没有中译本。王拓把这本书用翻译软件翻译出来，保留了错乱的语法并隐去了年代的细节，成为影像的旁白。影像中"母亲"和"女儿"两个形象交替出现，"母亲"念出旁白中的悲剧故事，"女儿"做出一桌丰盛的饭菜，召唤逝者的灵魂。在"失忆事典"的现场，王拓还展出了四幅绘画作品，列宾（Ilya Repin）《伊凡雷帝杀子》（Ivan the Terrible and His Son Ivan）和庞培奥·巴托尼（Pompeo Batoni）《浪子回家》（The Return of the Prodigal Son）中截然相反的两组情感关系和父子形象被艺术家拆解开来，与《奠飨赋》中的母女关系呼应。王拓认为，这种血亲关系只有在物理层面发生分裂的时候才有可能发生精神层面的连接，就像人和鬼之间的关系一样。

建筑美学、御宅文化、故事改写

在"东北四部曲"和伤痕与记忆的线索之外，王拓的创作还有一条线索是关于建筑美学与御宅文化的，比如 2019 年的单频影像作品《痴迷录》（Obsessions）和 2018 年的三频影像作品《漩涡》（Spiral）。2019 年，王拓把在福绥境大楼拍摄的影像作品《痴迷录》带到尤伦斯当代艺术中心，作为"新现场"表演讲座系列的第一期推出。在现场，王拓与声音艺术家、实验音乐人冯昊在影像前对话，一个是主人公的声音，另一个则是主人公潜意识里的声音（两个声音被合成一个声音剪辑到最终完成的影像中）。王拓为主人公设置的谈话对象是一位心理医生。在心理医生的催眠引导下，主人公把自己想象成一栋建筑，开始讲述对建筑的认识，其中夹杂着关于一起失踪案件若隐若现的描述。心理医生试图进入主人公的内心世界，找到建筑和潜意识中的那个"密室"。王拓告诉我，这件作品和前一件作品《漩涡》背后的创作起点都是北大女孩章莹颖在美国失踪的案件。他在关注案件的过程中好奇犯罪嫌疑人怎么能够在跨次元的欲望之间进行转换。据说犯罪嫌疑人是个宅男，痴迷二次元日本漫画中亚裔女孩的形象，然后把自己对二次元世界的想象在三次元世界中实现出来。在王拓看来，建筑师的工作恰恰就是一种跨次元欲望的转换和实现，比如在现实中看到一个缺陷需要弥补，就会在平面中进行设计，然后实现出来。

2017 年，王拓回国之后的《语法灵猿》（Monkey Grammarians）和影像作品《审问》（The Interrogation）延续了回国之前一系列作品中故事改写的线索。在《语法灵猿》中，诗人王炜与王拓通过事先录好的声音在现场进行一对一的对谈，对谈内容连接起余华小说《现实一种》以及该隐与亚伯故事中的手足相残。与此同时，二人在现场通过两台电脑进行面对面的对谈，对谈内容被投影在两面墙上，仿佛兄弟二人的灵魂。《审问》同样由王炜主演，是一部由胶片摄影、图像拼贴和画外音组成的动态影像作品，由两条线索编织而成：一条线索是艺术家对一位地方纪检官员的采访记录，纪检官员讲述自己面试时使用的心理技巧，之后这种心理技巧又成为自己审问工作中经常使用的手段；另一条线索是艺术家以英格玛·伯格曼（Ingmar Bergman）1966 年的电影《假面》（Persona）为灵感写作的短篇故事，一位拒绝说话的演员和一位试图使其开口的护士在长期相处中互换了身份。王拓故事改写的线索可以追溯到 2014 年的项目"虚空画——人类戏剧研究"（Vanitas—A Study for Human Opera）。其中的一件影像作品《现实与自然》（Real and Natural）将冯塔纳（Theodor Fontane）的批判现实主义小说《艾菲·布里斯特》（Effi Briest）和左拉（Émile Zola）的自然主义小说《泰蕾兹·拉甘》（Thérèse Raquin）置于当代的社会语境中，通过采访、真人秀和荒诞戏剧的综合，创建了一个剧情迷宫。另一件影像作品《美国疑问》（Questions for America）则将《现实与自然》创作过程中的采访问题作为歌词，由音乐家谱曲并吟唱出来。这条故事改写的线索一直延续到讨论泛萨满化与现代性断裂的

"东北四部曲"，尤其是《通古斯》中。

单纯与复杂

王拓在美国期间的一系列创作延续了他赴美前的《敬佛请上三炷香》（Paying Homage to Buddha for Three Incenses）和赴美后的《三位一体》（The Trinity）中行为的线索，比如2015年的《一个年轻艺术家的肖像》（A Portrait of the Artist as a Young Man）和《波西米亚人》（La Bohème）、2016年的《角色扮演》（Roleplay）和《赋格》（Captive Tuning）、2017年的《中毒》（Addicted）。这些作品与他回国之后的作品之间有连续性，但又不太一样。在他看来，做作品必须跟自己身处的环境有点儿关系才行。在美国的中国人为了获得更多展览机会经常需要面对在西方的华裔或跨文化的中国之类的议题。王拓觉得挺没意思，他想去讨论的是一些自己作为旁观者能够在美国看到但是美国人又不太好意思或不太有立场去讨论的全球化议题。面对这种议题，以西方为中心的西方人反而没有一种可以去讨论的角度。当有些美国策展人建议王拓可以做些关于中国中等收入群体生活的作品时，他的回应是如果做就一定要回中国做。比如《共谋失忆症》中的作家和妻子的生活就是中国中产阶级的生活，物质条件在那里，历史也在那里，而且二者之间有一种矛盾和纠缠，那不是一种简单的生活状态描述就可以说得清楚的东西。王拓认为，自己在美国期间的创作其实都是纯粹的行为作品，而影像则是行为的记录，尽管特别清楚怎么做一个全方位的作品，但是那时候创作的恰恰都是单一元素作品。他举例说，自己大学时代就玩儿音乐，容易被音乐感动，知道怎么把音乐变成作品的一部分，但是同时觉得这是一个捷径，所以"虚空画——人类戏剧研究"和《角色扮演》都只有纯粹的语言和行为，一个纯粹的结构，在某种程度上说，更单纯、更实验。

对王拓来说，因为在美国期间面对的创作成本很高，所以不能想怎么玩儿就怎么玩儿，只能逼着自己去做一些更单纯、更实验的东西。回国后，他可以随心所欲地把自己擅长的东西放到作品里。王拓告诉我，在美国如果拍一个片子就必须一两天拍完，多一天都承担不起那个费用，而在国内则可以一个片子拍几个月，一点一点地拍，直到完全满意为止，有时候花一个月的时间只是为了拍一个镜头，把想象的极限实现出来。从"东北四部曲"开始，他计划花四年时间去做一件事，在自己的内部持续生长并与真实的生活产生联系，最后呈现出一个极其复杂、庞大的结构。王拓回国后创作发生变化的另一个原因是创作对象发生了变化。因为回国后面对的创作对象太复杂了，所以只能通过作品相似或接近的复杂程度替代对象的复杂程度，对王拓而言，这种结构的复杂和庞大不能产生任何结论，只能引导观众走到作品面前并因此产生观看的不确定性或者乐趣。

影像写作

王拓的影像作品时长大都在半个小时以内（《通古斯》时长一个小时），而且主要在美术馆和画廊展出，属于典型的美术馆电影。与很多希望拍摄院线电影、参加国际影展的影像艺术家不同，他对院线电影完全没有兴趣。王拓认为，如果比较院线电影和美术馆电影两个行业，显然后者的自由度更大，虽然同样面临各种审查问题，比如因为《角色扮演》中谈到了性生活的话题，有些美术馆和画廊就不能展出，但是仍然有很多因素是可以不用考虑的，比如不用靠作品和展览挣钱或生活，甚至作品能否展出都不太重要。在王拓看来，影像和美术馆电影作为自己的一种写作手段特别合适，而院线电影则是另外一回事。

王拓的《审问》使用了摄影蒙太奇（photomontage）手法，容易让人联想到克里斯·马克（Chris Marker）1962年的名作《堤》（La Jetée）。这种手法后来继续出现在王拓的其他作品中，比如《共谋失忆症》中中年作家翻看相册一段。主人公翻着翻着，相册就变成了一组摄影蒙太奇，在短短一分钟时间里，一张张连续照片揭开了尘封已久的秘密。这一段观众如果看到的是动态表演，就会感觉很近，好像身处那个空间之中，但是如果看到的是静态照片，就会感觉很远，成为一个遥远的观察者，后者显然更符合剧情的需要。一方面，王拓认为自己的影像作品不属于典型的第一人称电影。尽管他的很多影像作品中都有第一人称，但是这个第一人称常常不是作者本身，而是一个角色，比如《痴迷录》中的画外音。同时，这个角色往往与自己有一种相通的关系，比如《扭曲词场》和《通古斯》中的两位书生其实就是自己，艺术家对历史演进的两种认识就是通过青年、老年两个角色呈现出来的。另一方面，王拓认为自己的影像作品也不属于典型的散文电影。散文电影的文体是议论性和分析性的，更接近理性的社会学研究，而这正是他比较回避的东西。在他看来，理性的社会学研究只是走向文学电影的第一步。他举例说，我们在读李白的诗的时候难道不会认为李白是一个社会学家吗？李白一定是一个对社会有深刻认识的人，但是这种深刻认识不是通过分析和议论表达出来的。李白会给你写一首诗，告诉你去四川的路有多难。这首诗把你拉到一个庞然的现实面前，然后你去慢慢体会去四川的路有多难，去长安的路有多难，在东北拍片有多难，在北京拍片有多难。因此王拓希望自己的创作是一种文学性的影像写作，是一种关于认识论和历史观的东西，但不是一种简单的分析和议论。在他看来，简单的分析和议论局限性很大，随着时间的流逝，我们现在的分析和议论很快就会被颠覆，然后一次又一次被颠覆，那我们为什么一定要给出一个结论呢？与其这样，不如通过文学性的影像写作把观众拉到庞然的现实面前，让观众自己去看、自己去听、自己去体会，就像李白的诗一样。

主要个展

2021
- "王拓：空手走入历史"，尤伦斯当代艺术中心，北京

2020
- "正站在歧路上"，空白空间，北京

2019
- "王拓：烟火"，Present Company（画廊），纽约，美国

2018
- "唐纳天 & 王拓：Only the Lonely（唯有孤寂）"，安全口画廊，香港
- "漩涡"（北京当代·艺术展），全国农业展览馆，北京

2017
- "语法灵猿"，Salt Projects（盐），北京
- "从未走出的神话"，空白空间，北京

2016
- "失忆事典"，泰康空间，北京
- "唐纳天 & 王拓：Only the Lonely（唯有孤寂）"，inCube Arts（艺术中心），纽约，美国
- "合唱"，Riverviews Art Space（河景艺术空间），林奇堡，美国

2015
- "人类戏剧研究：前奏"，Bromfield Gallery（布罗姆菲尔德画廊），波士顿，美国

主要群展

2022
- "循环播放"，刺点画廊，香港
- "传统的频率"，卡蒂斯特艺术基金会，旧金山，美国
- "ON | OFF 2021：回到未来"，和美术馆，顺德
- "节奏与迭奏"，松美术馆，北京
- "纪食"，穹究堂，北京
- "灵魂猎人"，剩余空间，武汉

2021
- "传统的频率"，仁川艺术平台，仁川，韩国
- "第 32 届新加坡国际电影节"，新加坡国立美术馆，新加坡
- "乐观主义的脆危之域：失败的再定义与再生产"，OCAT 研究中心，北京
- "中国当代艺术年鉴展 2020"，上海多伦现代美术馆，上海
- "未知游戏"，上海多伦现代美术馆，上海
- "第 13 届上海双年展：水体"，上海当代艺术博物馆，上海
- "环形撞击：录像二十一"，OCAT 上海馆，上海
- "第四届今日文献展'缝合'"，重庆当代美术馆，重庆

2020

- "中国当代艺术年鉴 2019"，上海多伦现代美术馆，上海
- "Cao Fei for LOOP，VIDEOCLOOP"，LOOP 巴塞罗那，线上
- "慕尼黑国际艺术电影节"，慕尼黑，德国
- "练习曲"，阿那亚艺术中心，秦皇岛
- "2020 国立现代美术馆亚洲计划：寻找另一个家园"，国立现代美术馆，首尔，韩国
- "蓝图之外"，蛇形画廊，线上
- "无影之光"，Cuchifritos Gallery + Project Space，纽约，美国
- "自由联接：2020 OCAT × KADIST 青年媒体艺术家展览"，OCAT 上海馆，上海
- "炼法社"，刺点画廊，香港

2019

- "第四届今日文献展'缝合'"，今日美术馆，北京
- "长征计划：赤字团"，长征空间，北京
- "末路斜阳：'声名狼藉者'及其不可解的存在方式"，上海当代艺术博物馆，上海
- "忘忧草：考古女性时间"，广东时代美术馆，广州
- "艺述：85 后的八五：中国当代艺术新世代"（北京当代·艺术展），全国农业展览馆，北京
- "漫游者之歌"，空白空间，北京
- "时间开始了：2019 乌镇当代艺术邀请展青年单元"，乌镇
- "重蹈现实：来自王兵的影像收藏"，OCAT 上海馆，上海
- "精神与政治学"，巴登巴登国立美术馆，巴登巴登，德国
- "此地有狮"，剩余空间，武汉；798 艺术中心，北京
- "路边野餐"，Owen Art Gallery at Gould Academy（古尔德学院欧文画廊），缅因州，美国
- "生活应用"，昊美术馆，上海

2018

- "8102：与现实有关"，OCAT 上海馆，上海
- "Replay"（重演），空白空间，北京
- "柔软"，纽约视觉艺术学院艺术中心，上海
- "Light，Heat，Power!"（光，热，力！），留下空间（杨锋艺术与教育基金会），上海
- "新冶金学家"，尤利娅·施托舍克收藏，杜塞尔多夫，德国
- "One Northeast"（东北一号），Zarya 当代艺术中心，符拉迪沃斯托克，俄罗斯
- "循环播放"，刺点画廊，香港
- "混合的公共性与私密性：第三届北京国际摄影双年展"，辽宁北镇文化产业中心，北镇
- "中国当代摄影四十年"，OCAT 深圳馆，深圳
- "相遇亚洲：多元化的青年艺术视觉"，四川美术学院美术馆，重庆

- "中国当代艺术年鉴展 2017"，北京民生现代美术馆，北京
- "在集结"，chiK11 艺术空间，沈阳
- "起承：2018 年第十届三影堂摄影奖作品展"，三影堂摄影艺术中心，北京
- "无尽的排练"，墨方 MOCUBE，北京

2017
- "路边野餐"，前波画廊，纽约
- "深港城市 \ 建筑双城双年展：城中村里无新事"（西丽计划），深圳
- "室内宇宙：2017 年华宇青年奖入围艺术家群展"，华宇艺术中心，三亚
- "2017 集美·阿尔勒国际摄影季：幻痛诊所"，集美新城市民广场展览馆，厦门
- "2017 集美·阿尔勒国际摄影季：To Be An Image Maker（做一个图像制造者）"，集美新城市民广场展览馆，厦门
- "门闪：肖像画的隐晦目的"，C 龙口空间，北京
- "光影的解析"，Christian Louboutin（克里斯提·鲁布托），北京
- "九"，皇后美术馆，纽约，美国

2016
- "Re-juvenation, Thornwillow Institute"（再青春，桑威洛学院），纽堡，纽约，美国

2015
- "一场关于真实的导览"，台湾美术馆，台中
- "House of Flying Boobs"（飞胸之家），Nuyorican Poets Club & Bowery Poetry Club（纽约里坎诗人俱乐部和鲍里诗歌俱乐部），纽约，美国
- "Peekskill Project VI"（皮克斯基尔项目 VI），Hudson Valley Center for Contemporary Art（哈德逊河谷当代艺术中心），皮克斯基尔，美国
- "Archimedes's Bathtub"（阿基米德的浴缸），Lorimoto Gallery（洛里莫托画廊），纽约，美国
- "Tirana International Film Festival"（地拉那国际电影节），TEN Multimedia Center（十多媒体中心），地拉那，阿尔巴尼亚
- "Re-make/Re-build/Re-stage"（重制 / 重建 / 重演），Vox Populi，Aux Performance Center（人民之声，辅助表演中心），费城，美国
- "CURATICISM | The Gam #2"（策展 | 伽马 #2），NARS Foundation（纳尔斯基金会），纽约，美国

2014
- "6th Cairo Video Festival"（第六届开罗录像节），Gezira Art Center（盖兹拉艺术中心），开罗，埃及
- "IMA International Film Festival, Kerala Sahitya Academy"（喀拉拉邦萨希提亚学院 IMA 国际电影节），IMA Film Society（IMA 电影社），印度
- "Convergence"（收敛），808 Gallery（808 画廊），波士顿，美国
- "陆地的回声"，北京 798 百年印象画廊，北京
- "9th Annual Boston Young Contemporaries"（第九届波士顿青年一代），808 Gallery（808

画廊），波士顿，美国

奖项与驻地项目

2020

● 卡蒂斯特研究驻地，旧金山，美国

2019

● 青年当代艺术乌镇奖，乌镇当代艺术邀请展

2018

● 第十届三影堂摄影奖大奖

● 杰出艺术探索奖，"玲珑塔"短片奖，北京国际短片联展

2017

● 入围艺术家，第五届华宇青年奖

2015—2017

● 皇后美术馆，驻馆艺术家，纽约，美国

2015

● Residency Unlimited，纽约，美国

● NARS Foundation International Artists Residency，纽约，美国

麻剑锋

一种空间政治学

天气状况	多云 / 多云
气　温	21℃ /9℃
风力风向	南风 1~2 级 / 南风 1~2 级
采访时间	2021 年 3 月 30 日，星期二，10：00—12：00
采访地点	三北文创园，北京市朝阳区草场地 256 号

2019年上半年有两个月时间，麻剑锋在伦敦做个展，之后前往马来西亚金之岛（Dinawan Island）驻留，期间疫情到来，再之后回到家乡丽水写生。在泰康空间一个以绘画为主题的群展"绘画无声"（LET PAINTING TALK）上我们约定五天以后在他草场地的工作室进行采访。经历数次遭遇拆迁之后，麻剑锋终于在这里找到了一个空间不大但是相对稳定的工作室。

壁画系

麻剑锋最早没有想过将来要做艺术家。高考的时候，他参加了浙江的美术联考，也考了中国美术学院的几个设计专业，但是状态都不好，觉得都没戏。后来老师说南京有考场，可以去试试，他就和另外几个想去试试的同学坐大巴连夜赶到南京，结果考得不错。那年中国美术学院开始扩招，建成了象山校区，设立了公共艺术学院，有壁画和城市雕塑两个专业。他觉得反正壁画也是画，可以继续画画，还有一点点神秘色彩，是一个不错的选择。麻剑锋告诉我，那个年代自己整个脑子其实都是晕的，第一次听说中国美术学院居然以为在北京，后来听说在杭州还挺意外，总之完全没有"艺术家"的概念，不像北京的很多艺术家，从小就有将来要做艺术家的打算和准备。大二分专业的时候，城市雕塑是热门，同一寝室的六个人里只有麻剑锋一人选了壁画系。壁画专业其实没有一个落脚点，画画"画不过"油画系的，做设计、做动画又做不过设计学院和动画学院的，到了四年级就会面临毕业就是失业的尴尬境遇。在公司画过商品画、应聘过动画公司，经历了一段迷迷糊糊的毕业焦虑之后，麻剑锋在做毕业创作期间认识了包括贺勋在内的几个高一届开咖啡馆的朋友，大家经常在咖啡馆讨论诗歌，后来也在象山周围租工作室，虽然条件艰苦，但是挺有意思，重要的是这种"瞎混"让他有了一点点进入社会的状态。当时大家都觉得北京是个很商业的地方，很多艺术家整天想的都是乱七八糟的东西，艺术"不纯粹"，所以偶尔有城市雕塑和壁画专业的学长去北京、去黑桥，大家都觉得挺奇怪的。

2007 年年末，麻剑锋跟一个学弟一起创办了一个空间，取名"一十三所"，开始策划群展。第一个群展开幕挺热闹，老师给他们写了前言，同学给他们送了花篮，大家一起铺了红地毯。通过策划群展，麻剑锋接触了杭州的艺术生态，认识了很多年轻艺术家，也决定把画画放一放。但是一个群展做下来，开幕挺热闹，之后都很冷清，偶尔有村里人抱着孩子过来溜达一下、看一眼，而且展览期间为了生存，合伙学弟接了一笔单子，俩人特意把空间暂时关了，因为不想让人看到他们在里面干活儿。麻剑锋觉得有些尴尬，虽然自己读的是美术学院，但是面对画廊系统自己就是个迷迷糊糊的门外汉。现在想想，那么大一个美术学院，大家毕业无非就是留校、办考前班、回老家进学校几条路，最后选择做艺术家的其实特别少。空间做了半年，麻剑锋同合伙人去安徽接了一次活儿之后，就一直在想，靠卖作品和策展根本养活不了画画和空间这些事，但是如果不停地接活儿就会陷入另一种局面里，在不知如何是好的情况下，他与合伙学弟决定关闭空间。

大师生

2008 年空间关闭之后，之前建议他们做空间的一位版画系同学建议麻剑锋不要着急去做艺术家或去德国留学，可以试试中国美术学院和德国柏林艺术大学合作培养美术学硕士研究生的项目。在准备作品集的过程中，麻剑锋发现以前在学院里可以画模特、画风景，但是如果没有参照，都不知道该画什么，而且好像自己在象山的学习和版画系哥们儿在南山的学习有很大的距离。他开始在白卡纸上涂涂抹抹，像小孩子一样"瞎画"。这期间麻剑锋迷上写毛笔字，还认识了一个写毛笔字的哥们儿，外号叫"禽兽"。俩人聊起写毛笔字，"禽兽"建议麻剑锋可以用写铅笔、钢笔字的姿势写毛笔字，这样一写果然就不一样了。经过提交作品集、命题创作和面试，麻剑锋顺利入学。他入学前做的第一件事情就是学了两个月的德语，然后正式开学，上午继续上德语课，下午上专业课。开始创作的时候，德国教授不会给方向，只能逼着自己去想、去做。他画了一幅表现下过雨后水泥地的画和老师聊，老师竟然只聊画面也能聊得很深，他觉得自己的认知范围不断地被更新。那段时间，麻剑锋延续自己之前的线索画了很多画，大部分是用丙烯和彩铅画在卡纸上，偶尔也用水粉画在布面上，总之比较回避那种传统强大的"油画"。他记得学校图书馆里有一本装帧精美的巴塞利兹（Georg Baselitz）画册让他很受启发，他从中体会到了一种中国书法和水墨里的笔法。自那批画起，他开始在画上写字，尝试在各种材料上画画，包括包装纸箱。麻剑锋最初的一个想法是画框有尺寸限制，而包装纸箱则可以无限延展，比如拉开就可以拼成一个十米长的柱子，而且可以借助建筑的夹角做一些延展。慢慢地，麻剑锋感觉自己越画越像那么回事了，当时的一个思路就是做一些有大面积拼贴的东西。他看到什么、想到什么就画什么，因此虽然创作主题性不强，但是很快积累了一大堆作品。

　　本来研究生读完就完了，但是麻剑锋的毕业创作引起了布克哈特·黑尔德（Burkhard Held）教授的注意，因此有了后来去柏林读"大师生"的机会。麻剑锋告诉我，黑尔德原来是柏林艺术大学美术学院院长，这位教授挺不德国的，像个老嬉皮，喜欢打乒乓球、开派对、喝酒、烧火，与他一直私交很好。在柏林艺术大学的工作室，麻剑锋发现以前可能有些小方向，现在反而没有方向了，画画颜色越来越灰，自己都不知道为什么。有一天，他找了一些纸板画窗户，脑子里突然冒出一个念头就把窗户部分切了下来，然后把剩下的部分挂到墙上，一下子就舒服了。他觉得就像切掉了一个包袱，然后开始在墙上尝试各种拼贴，同时切割变成了一个重要手段，纸板、画布、木头，只要不顺眼就切、就割，这样自己的状态一下就被调动了起来，接着他开始做版画。他在买来的木板上画画，根据画出的画切割出各种线条，然后把一大块木板放在大版画机上直接印刷。这样创作的两幅大版画在工作室展出，加上逛柏林的美术馆时看到类似的作品，麻剑锋相信切割的工作方法可以进行下去。那段时间，他也发现一个问题，就是切割主体拼贴组合的方式也容易让自己的创作没有主线。

从杭州到北京

2012 年，麻剑锋回国，10 月初到北京考察了一下，感觉北京挺自由，年轻人挺多，穷也没问题，还能聊艺术，跟柏林有一点点像，月底就开车来了北京。2013 年，家人觉得他应该找个学校，这样可以一边当老师，一边做创作。尽管开始比较拒绝，他后来还是去了浙江农林大学，在风景与园林学院当老师，开了一门二百多人的创作课。与美院不同，真正进入那个系统之后，麻剑锋发现跟自己想象的完全不一样，脑子转不过来，焦虑与日俱增，每次去学校之前都要做很长时间的心理建设，好让自己稍微平静一点儿，而且任务完成马上开车往回赶，不带一点儿思考。他想过在杭州安个家，放弃北京的工作室，而且当时连续接到了东画廊的个展邀约和斯沃琪和平饭店艺术中心的驻留项目邀约，画廊和艺术中心都在上海，离杭州不远，算是一切顺风顺水。但是随着个展和驻留项目的推进，学校开始布置更多的任务，他觉得可能要做一个选择了。麻剑锋告诉我，他始终理解不了为什么要开会这件事，他甚至有过一次因为无法忍受开会，中间去卫生间抽了根烟就开车逃回工作室的经历，同时个展"墙"（WALL）和驻留项目"上海 LADY"（SHANG HAI LADY）都比较圆满，作品销售也挺可观，这两方面都让他坚定了辞职的决心，虽然他知道艺术家的路会非常难走。

2014年初，做满一个学期的老师之后，麻剑锋辞职回到北京开始了艺术家的工作和生活。曾一起在斯沃琪和平饭店艺术中心做驻留项目的陈天灼告诉麻剑锋，北京的朋友刚刚把应空间做起来，如果有兴趣，可以联系一下。事情进行得非常顺利，很快毕昕就在应空间策划了麻剑锋和王不可的双个展"深层的今天"（PROFOND AUJOURD'HUI）。当时正好赶上麻剑锋的工作室从宋庄搬到黑桥，他一边搬家一边布展，把一部分作品搬到了展厅。展览开幕很热闹，他觉得那时候大家心态都挺积极，尽管最终没有很好的销量，但是作为新人能做个展、露个脸也挺高兴。那次双个展之后，麻剑锋的创作开始从平面变成立体，从墙面上延伸到空间中。一个有趣的契机是他有一次在黑桥偶遇了大学同学。大学同学是做园林的，车上有很多绿萝纸箱，听说他收集包装纸箱做创作立刻送他一大堆。他在工作室把包装纸箱立起来，组成各种形态，开始了更加直接的切割和拼贴。从2014年到2016年，麻剑锋在大量创作中逐渐找到了一种"空间政治学"。

2015年，在群展"气旋栖息者"（PERCHED IN THE EYE OF A TORNADO）上，麻剑锋展出了《石头公园》（Stone Park），这组作品由两条涂抹了橙色颜料的塑料布和一组版画原版、木板绘画组成，极具视觉张力。如果说《石头公园》还保持了一种墙面形态，那么2016年应空间的个展"MA"和艺术仓库的三人展"奶头错觉"（NIPPLE CONFUSION）中的《Happy Hour》就变成了一种空间形态，尽管二者一个是打散的，一个是聚集的。关于这个时期空间作品中出现的某种政治性，甚至脏话标语，麻剑锋认为自己对权力关系的重新认知在很大程度上与当时在黑桥的各种遭遇有关。对他来说，黑桥的遭遇就像电击一样深深地刺激了他，把他的全部认知打翻。那个阶段麻剑锋酒喝得很厉害，似乎只有依赖酒精的麻醉才能不想或者少想那些事情。个展"MA"利用两个空间将展览分成两个部分，在第一个小空间中展出了绿萝纸箱那批相对独立的作品，在第二个大空间中展出了用各种各样的材料创作的更加综合的作品。对他而言，每次布展都会面临一个问题，就是原来摆放在工作室的作品一旦进入展厅就发现完全不对，需要重新摆放。在这次个展中，麻剑锋最后干脆去掉大空间的中心，让全部作品散落在空间中，以至于有些观众觉得那真的是一个库房，看完绿萝纸箱那部分作品就认为展览结束了，这种情况让他觉得多多少少有些尴尬。

新尝试

个展"MA"结束之后，在黑桥艺术区拆掉之前，麻剑锋把工作室搬到了罗马湖。在 2017 年尤伦斯当代艺术中心的群展"例外状态：中国境况与艺术考察 2017"（THE NEW NORMAL：CHINA，ART AND 2017）中，因为需要大家相互配合，而且需要跟建筑师配合，麻剑锋第一次尝试根据方案和草图创作。在此之前，他的所有创作都是一种在工作室中自然生长的状态。那一年尤伦斯当代艺术中心前途未卜，展览经费特别紧张，尽管如此，大家还是全力以赴，想把事情做好。因为建筑师要求每个人的作品相对封闭，麻剑锋最终确定的方案《X》以三面围合剧场的方式呈现并做了一些材料上的更新，具体来说就是用了大面积的铁皮。他觉得自己作品的主要材料木板、木头、包装纸箱都是废弃物和现成品，这样的作品堆在一起容易平均，所以尝试把带有反光效果的金属材料放进去，看看会不会产生一些反差，结果外立面和半圆铁皮刚搭好，那种像太空船一样的科幻感就出来了。

经过"例外状态"这次群展，麻剑锋与胡伟认识并开始慢慢了解激发研究所（Institute for Provocation）的艺术生态，这促成了他 2018 年的个展"U 型回廊"（THE U-CLOISTER）和第一次现场创作。胡伟希望麻剑锋可以根据激发研究所的空间属性做一些现场创作。于是麻剑锋带了一些材料和作品过去，先用两块塑料布切割空间，设置了一个马蹄形路径的框架结构"U 型回廊"，后用大量纸胶带在窗户上贴防震条，在墙面上和地面上拼贴、画画，同时延续使用了一些铁皮材料。此外，他在空间中摆放了一个视频和一张照片，视频拍的是老家过年宰羊前的小羊羔，小羊羔偶尔发出咩咩的叫声，照片拍的是厨房里拔过毛的白色羊头，很多观众无法辨认那是什么。麻剑锋认为现场气氛有些诡异，是因为那个空间最早是个马厩，后来变成了锅炉房，最后改造成了展厅，即使开着空调暖风还是特别阴冷。"U 型回廊"是他一次创作上的新尝试，若隐若现的叙事性，加上塑料布引起从早到晚光线的变化，使得整个展览看起来像是一件作品，跟以前的"麻剑锋"不太一样。

2019 年，麻剑锋应英国伦敦 GAO 画廊之邀做了一个名为"金银岛"（TREASURE ISLAND）的个展。个展主题显然来自英国人罗伯特·路易斯·史蒂文森（Robert Louis Stevenson）著名的寻宝小说《金银岛》。那两个月是一次比较特殊的经历，他之前从未去过英语国家，包括美国，他发现在伦敦，那种往日帝国、老牌资本主义国家人的姿态好像一直都在，事事都得花钱，金钱就是一切，有钱和没钱的阶级差异很大，甚至肤色就是阶级，什么样的肤色体现什么样的阶级，这给了他很大的刺激。展览期间曾有一家媒体问他选择包装纸箱的材料是否与伦敦的贫民区有关。麻剑锋的回答是他完全不知道伦敦贫民区的情况，选择包装纸箱的材料是自己一直以来的创作线索，而且纸与中国人更加亲近一些。有趣的是，这样的展览放在那样的语境中，尤其是纸板和木棍的组合，就会让人产生关于集会、游行、示威的政治联想。他觉得这种联想可能来自自己创作中的临时性，从宋庄到黑桥，从黑桥到罗马湖，从罗马湖到草场地，在北京的工作和生活好像总是非常临时，这次在伦敦带有驻留性质的个展与其他各种驻留同样非常临时，因此临时性的创作恰恰成为他的一个特点。展览现场有两个空间，第一个空间摆放着各种耸立的作品，纷繁复杂的形式和亮色仿佛人与城市的痕迹，第二个空间呈现出延展性和水平感，金银色和暗色营造出神秘的氛围。在伦敦的两个月里，他每天乘坐地铁银禧线（Jubilee Line）往返居住地和工作室，沿线车站的未来主义设计给他很大的启发，金银色和珠光色第一次大量出现在作品中，增加了作品的未来感和科幻感。

驻留与写生

2019 年底，麻剑锋参加了埃里克（Eric）与 Salt Projects 合作策划的"离岸"计划（OFF SHORE），前往马来西亚金之岛驻留，同行的有艺术家陈轴。陈轴应埃里克之邀计划拍一个跟金之岛有关的电影，驻留的艺术家就每人扮演了一个角色，麻剑锋继四年前扮演陶辉作品《多余的》（Excessive）中爸爸的角色之后在陈轴的《山神日志》（Mountain God Dairy）中扮演了一位戴草帽的人。上岛之前，麻剑锋想象了高更在岛屿画画的故事，上岛之后，他发现现实和想象不太一样。他想在沙滩上搭一个瞭望台，把瞭望台当作自己的小工作室，每天可以一边工作，一边看看海景，观察观察情况，就像电影里的浪漫故事，但是条件有限，想法没有实现。驻留之初，麻剑锋每天在各地遛来遛去，看大家在做什么，能帮点儿什么忙。听说之前李明划船环岛，他也开始练习划船，整个人因此变得精神起来，当然更多的时间是戴着那顶草帽四处写生。在一个月的时间里，麻剑锋画了大大小小一堆写生。他告诉我，他想通过写生解决自己一直比较规避的那种对传统强大的"油画"的心理障碍，因此开始重新尝试画布，但是仍然回避画框。对他来说，画框一架，仪式感就来了，想动笔都很难。麻剑锋延续以前在长条纸板两边各钉一条木棍的展出方式，在长条画布的两侧各钉一条木棍，木棍一架就可以画，木棍一卷就可以走，非常方便，而且没有太强的仪式感。他喜欢写生的现场性和临时性，一次写生就是一次捕捉，画完就完了，可以不用那么精致、那么完美。驻留工作非常丰富，每天生活都不一样，麻剑锋觉得虽然时间不长，但是好像经历了很多新鲜的东西。

2019年底疫情暴发，2020年初麻剑锋带着孩子从北京回到家乡丽水，延续在马来西亚金之岛驻留期间的线索，在缙云县大洋镇写生。他告诉我，自己虽然生在浙江、长在浙江，但是如果从语言分布来看，台州、金华、宁波、绍兴、杭州，一直向北包括苏州、无锡和上海，那一片更像是所谓的"江浙"，每次火车开进丽水，大山就扑面而来，因此丽水的语言、地理甚至饮食与杭州、上海很不一样，反而更加接近福建和江西。他记得小时候跟爸爸生活在大山的林区里，只有几栋房子，野生动物挺多，直到后来全家搬到县城，自己又出来上学、留学、工作、生活，从杭州到柏林，从上海到北京。对他来说，杭州和上海太精致了，柏林和北京比较生动，包括在马来西亚金之岛的驻留也让他想起小时候的时光。在2021年泰康空间的群展"绘画无声"中，麻剑锋展出了在大洋山和金之岛两地的写生作品。两组作品跨越2019年底和2020年初，虽然取材自不同地点，但是呈现出他对绘画和写生重新思考的某种一致性。当我问到莫奈和塞尚是否影响了他时，他的回答是肯定的。麻剑锋曾经临摹过莫奈和塞尚，他喜欢莫奈和塞尚晚期绘画中的平面感和东方性，那种平面感和东方性与德国表现主义之间有某些相似之处。当然，最重要的是他从这些老大师的绘画中重新发现了写生的乐趣。最近几年，麻剑锋的创作渐入佳境，但是突如其来的疫情打乱了他即将在罗马尼亚举办个展和参加巴塞尔青年艺术博览会（LISTE）的计划。麻剑锋笑称，在大洋山和金之岛的写生居然可以展出，泰康空间的这次群展的确让他回了一点点血，让他有信心继续做下去。他曾因自己一直处在职业和非职业之间的状态而焦虑，但是可能这种正儿八经漫无目的的状态就是他艺术中最有魅力的部分。

主要个展

2021

- "在时间里"，2021 年 10 月 22 日—2021 年 11 月 19 日，三明治画廊，布加勒斯特，罗马尼亚
- "不可调和"，2021 年 7 月 3 日—2021 年 8 月 14 日，魔金石空间，北京

2019

- "金银岛"，2019 年 6 月 5 日—2019 年 7 月 13 日，GAO 画廊，伦敦，英国

2018

- "U 型回廊"，2018 年 3 月 16 日—2018 年 3 月 31 日，激发研究所 IFP，北京

2016

- "MA"，2016 年 7 月 9 日—2016 年 9 月 4 日，应空间，北京

2014

- "深层的今天：麻剑锋 & 王不可双个展"，2014 年 6 月 28 日—2014 年 7 月 28 日，应空间，北京

2013

- "墙"，2013 年 11 月 30 日—2014 年 1 月 19 日，东画廊，上海

主要群展

2021

- "记忆术 + 记忆宫殿"，OCAT 深圳馆、华·美术馆，深圳
- "重塑蔚蓝"，尤伦斯当代艺术中心 UCCA Lab，北京
- "合作，为了污染，不为完善　第四期：解放"，户尔空间，北京
- "绘画无声"，泰康空间，北京

2020

- "恶是"，蜂巢当代艺术中心，北京

2019

- "车库特卖会"，三明治画廊，布加勒斯特，罗马尼亚
- "极限混合：2019 广州空港双年展"，广州翼·空港文旅小镇，广州

2018

- "普通画展"，西五艺术中心，北京

2017

- "销声觅迹"，华侨城欢乐海岸盒子艺术空间，深圳
- "例外状态：中国境况与艺术考察 2017"，尤伦斯当代艺术中心，北京

2016

- "十二正魔"，Kè Fáng 艺术空间，上海
- "苏利文的阁楼"，妙有艺术，北京
- "奶头错觉"，艺术仓库，北京

2015
- "气旋栖息者"，应空间，北京
- "冬季群展"，东画廊，上海

2014
- "OCAT 西安馆夏季项目"，OCAT 西安馆，西安

2012
- "柏林艺术大学年度大展"，柏林艺术大学，柏林，德国

2011
- "时间线上的风景"，优游画廊，广州

驻留项目

2019
- "离岸"计划金之岛驻留，马来西亚

2018
- 亚洲艺术中心艺术殿堂驻留，光州，韩国

2013
- 斯沃琪和平饭店艺术中心驻留，上海

陶辉

大众文化与个人记忆

天气状况	多云 / 多云
气　温	9℃ /-2℃
风力风向	东北风 1~2 级 / 东北风 1~2 级
采访时间	2020 年 11 月 19 日，星期四，12：30—14：30
采访地点	炫彩嘉轩，北京市朝阳区阜安西路

陶辉一般下午有空，我们的采访约在一个下过大雨刮着大风的午后。他的家和工作室离得很近，都在望京一带。在我出发前他告诉我，需要接一个快递，干脆去他家找他。陶辉的家空间不大、东西不多，但是干净、整洁，客厅有一个小沙发、一个小电视，容易让人想到电视媒体和童年记忆对他创作的影响。隔着一张小桌子，陶辉开始不紧不慢地讲述他和他的作品。

类似装扮

　　疫情对陶辉最直接的影响就是很多展览取消了或者推迟了。他认为这可能是一件好事，让他有了一段不用思考、可以放空的时间。一个比较明显的变化就是之前周围逐渐疏远的朋友现在联系更加紧密了，因为比较闲，所以就会经常见，有的时候一个星期见好几次。在疫情最严重的三个月里，陶辉跟妈妈一起生活，也许是太久没有一起生活的缘故，这一次他发现了很多问题，同时也化解了很多问题。他跟妈妈聊了很多，知道了之前很多自己并不了解的东西，当然也为了寻找突破，他一边写写小说，一边逛逛淘宝。3月底、4月初，陶辉回到北京之后没有忙着做新个展和新群展的新作品，而是做了一个在抖音平台播放、不需要去展厅看、比较适合这个阶段的新作品《类似装扮》（Similar Disguise）。《类似装扮》是美凯龙艺术中心（Macalline Art Center）委任的一个系列短剧，总共五集，每集两分钟左右。陶辉化身成为一位抖音用户，通过装扮表演在各种身份之间转换：刷抖音的影像艺术家，刷抖音的抖音创作者，或者刷抖音的普通用户。由于抖音的传播对象可能更多的是一些利用业余时间刷刷抖音的大众，他希望在一种比较通俗的剧情中呈现装扮表演的主题。同时针对怎么吸引观众的注意力、怎么让观众坚持看完两分钟，他也思考了很多，尽管抖音会根据算法把内容推送给不同类型的对艺术或者艺术化表达感兴趣的观众。当我问到这个线索是否可以追溯到2019年的《跳动的原子》（Pulsating Atom）中把屏幕竖起来的展示方式时，他认为那还是一件以艺术家身份创作的录像作品，只是素材或者题材来自大众社交软件，但是这次这组视频甚至不能算是作品，不能销售，完全是在抖音平台面对公众呈现的一个东西，所以出发点还不太一样。回到疫情的影响，陶辉觉得就像伊朗电影一样，特别大的限制反而促使艺术家在缝隙中找到了很多新的语言，因为疫情导致各种公共空间变得没有那么容易展示作品，艺术家就会想办法去寻找一些其他的方式。

陶辉考上四川美术学院之前就很想做广播电视编导，小时候青春期就喜欢看湖南卫视的《快乐大本营》。他觉得将来当个编导就特别好，可以见到好多明星，而且觉得其实综艺节目也可以做出好多有创意性的东西。后来考四川美术学院的时候，专业分考得比较高，全县第一，老师告诉他这个分不去上油画系很可惜，而且去上编导系说不定毕业以后会找不到工作。陶辉听从老师的建议上了油画系，然后发现油画系里原来有实验影像的部分，刚好适合自己，不像那种工业影视，局限性的东西太多。他觉得当代艺术给了自己一个相对较大的空间，让自己可以拍一些又像电视剧、又像综艺节目、又像电影的东西。当时四川美术学院还没有后来的新媒体艺术系，油画系的老师都比较包容，传统和实验的东西都要学，最后一年毕业创作可以自己选择做哪方面的东西，只要做得好，就可以毕业。

身份与身体

大二的时候，李一凡上实验影像课，看了陶辉的作业之后告诉陶辉："我觉得你好像天生就是拍录像的。"大四的时候，李一凡又是陶辉的毕业导师，为了顺利毕业，陶辉画了一幅画，拍了一个录像。李一凡鼓励和指导的两件作品是《小青记得要忘记》（Miss Green，Remember to Forget!）和《蒙古症》（Mongolism），人物原型来自 20 世纪 90 年代家喻户晓的电视连续剧《新白娘子传奇》和《还珠格格》，关于表演的讨论贯穿其中。陶辉认为，这两件有些粗糙的作品，虽然都以一个私人经验为入口，但是都有很公众的东西在里面，这一点正是他后来所有作品中最核心的部分。拍《蒙古症》的时候没有剧本，只有一个大概的线索，陶辉完全根据自己的想象拍，而且摄像机只有一块电池，几乎不会 NG，因此只能拍一堆素材然后回去剪辑，这样的剪辑就像重新创作一遍。当我问到为什么《蒙古症》的主角是一个住在内蒙古的身份复杂的穆斯林时，陶辉告诉我，一个原因是在他小时候爸爸喜欢蒙古族的长调和呼麦，经常自己听也放给他听，听的时候他会哭，会有生理反应，因此总对人家说自己是蒙古人；另一个原因则是他通过看电视逐渐喜欢伊斯兰文化，总觉得中东是自己的第二故乡，包括后来 2014 年去伊朗驻留并拍了《德黑兰的黄昏》（The Dusk of Teheran）都与之有关。有趣的是，后来陶辉还专门去测了一下基因，结果两种基因完全没有，他就是一个汉族人。

　　信心满满的陶辉毕业之后来到北京，突然发现人家做的跟自己很不一样，自己做的好像特别本土，一点儿都不国际化。2010 年前后北京的艺术圈流行学术热，似乎每个人都在讨论学术的东西，不看几本学术著作就没有办法进入这个语境里。陶辉觉得自己一直有阅读障碍，没有办法完整地看完一本书，他告诉自己一定要努力看书，不然不可能做艺术家，因此就把创作暂时放到了一边。看理论书很痛苦，看了下一句就忘了上一句讲的是什么，完全没办法看进去，这样过了一年，陶辉觉得状态越来越差，自己好像不可能做艺术家了，可能要去打工了。2012 年，一次与姐姐的聊天改变了他的想法，姐姐觉得他做了那么久，还是应该坚持一下，艺术为什么要听大多数人的看法？艺术不就是要打破那些规则吗？姐姐是位朴实的英语老师，陶辉觉得姐姐说得好像挺对，此时再把之前做的方案翻出来看才发现原来这些就是自己想做的东西啊！为什么要丢掉呢？他回到自己最熟悉的领域，重新开始创作，周围的艺术家和策展人朋友看了也觉得挺好，然后就有了一些展示机会，虽然好的、坏的评价都有，但还是坚持了下来。

2013 年的《谈身体》（Talk about Body）是陶辉在北京拍的第一件录像作品。那时他住在黑桥，一位给其他艺术家做助手的朋友扔了一张床在他工作室。那张床很大，占据了工作室很大一个空间，他每次走过的时候都有一种错觉，好像有个人拿着《古兰经》坐在上面。因此当一个画廊群展需要一件新录像作品时，直觉告诉他可以拍这个。同时那段时间他喜欢上了一个人类学研究的论坛并在那里认识了一位朋友，这位朋友根据他发过去的照片分析了他的体貌特征。这两个方面的东西合在一起就是《谈身体》的来源。陶辉的很多作品都在讨论身份、性别、种族、文化的话题，但是他不是理论驱动型的艺术家，也不是研究型的艺术家，每次都是在实践中朝某个方向慢慢发展，作品完成之后才发现其中的线索。不仅如此，一些妥协性的东西反而成就了《谈身体》。比如录音的时候噪音特别大，他就想为什么一定要用自己的声音呢？不如把自己的声音去掉。于是就找了一位老年女性重新录了声音。这样，一个艺术家的身份，加上一个穆斯林女孩的形象，再加上一个老年女性的声音，作品的层次因此丰富了起来。

2013 年的《观光客》（Sightseers）是一个非常偶然的项目。那时一位大学同学拿到了一笔投资在成都做民宿，并用刚好多出来的一块地方做了一个非营利艺术空间，邀请艺术家去驻留、做展览。受到大学同学的邀请，在北京待了一段时间的陶辉决定过去玩玩。在成都和红原转了一圈之后，陶辉发现还有一个星期就要回北京了，于是准备做一件与声音有关的作品。那段时间他经常在淘宝上搜索无线电装备之类的东西，他觉得可以通过电波把声音变成一个很多人能听到的像电波雕塑一样的东西，我们看不到，但是它存在。陶辉在王贾桥小学录下了一段小学生的声音，然后用便携音箱带到地震重灾区芦山县芦阳小学的教室里，让小学生嬉戏、读书的声音在这间破败的教室里回荡，离开之前他又用增益录音录下了这片废墟里微小的环境音，最后带回成都并用调频发射器发射到成都的街头巷尾，让这些承载记忆的环境音在成都穿梭旅行。

表演与表演性

　　表演是陶辉创作的一条主要线索，从《谈身体》的第一次个人表演，到与家人关于大众媒体的聊天，再到《类似装扮》的导演项目，他一直在思考表演和身份对我们而言到底意味着什么？陶辉觉得，我们日常生活中的呈现其实就是一种身份表演或者表演性。比如一次采访，双方就是在按照身份表演采访人和受访人。我们日常生活中的大部分时刻都处在一种面对不同人、不同环境做最适合的身份表演的状态中。

　　陶辉 2014 年拍的《演技教程》（The Acting Tutorial）同样与黑桥有关。黑桥有个菜市场是钢架结构的，下面是菜市场，上面是空的，陶辉经常跑到上面玩儿，有一天就突发奇想，觉得好像有很多人在那里各做各的表演，之后这个场景一直在他脑海中萦绕。他开始写作，边写边改，因没法完全按照自己的想象拍摄而做一些妥协。菜市场上面不让拍、空旷的废墟没找到，他最后只好花钱租了一个影棚来拍，影棚不太整洁，有一些简单的结构，有一些空旷的感觉，让人不太压抑。写作期间，陶辉跟妈妈聊了很久。他觉得妈妈太戏剧化了，就跟妈妈说不要天天看电视剧、学电视剧。妈妈很生气，说自己没有模仿电视剧，只是电视剧在拍自己而已。陶辉认为，这种说法一下子把《演技教程》这个作品最核心的部分说了出来：大众和大众媒体之间是一种互相学习、互相模仿的关系。2016 年的《我们共同的形象》（Joint Images）就是在讲一种循环：他们这一代相似的行为和生活其实都是通过对大众媒体的模仿得来的，同时大众媒体也在记录他们这一代比较戏剧化的部分。《演技教程》中十三位女性演员只有一位是真正的职业演员，演的孕妇。为了找演员，陶辉加入了一个"第三职业表演群"并参加了这个群的线下活动，其中只有一位联通博物馆的讲解员能够记住全部台词，演的老师。此外，还有一些完全不会表演的画廊女孩也参加了演出。把很真、很精致的表演和很假、很粗糙的表演放在一起始于一种妥协，但是后来变成了一种坚持。陶辉发现这样做是正确的，因为如果完全找专业演员演，观众就会完全相信，作品就没那么有张力，但是如果有很粗糙的成分，观众就会产生怀疑，然后下一秒又变得很精致，真假之间来回转换，似乎反而更有张力。2015 年为尤伦斯当代艺术中心的个展"新倾向：陶辉"（NEW DIRECTIONS：TAO HUI）创作的新作品《多余的》（Excessive）同样延续了这种张力。作品讲述了一位年轻女孩因左手多余的一根手指而与家人产生矛盾最终将多余的手指剁下烧成灰烬的故事。女孩和妈妈的表演很像肥皂剧，但是爸爸有些跳戏的表演就把这种肥皂剧的感觉破了一下。

2017 年陶辉在日本京都驻留期间拍的《你好，尽头！》（Hello, finale!）看起来很像制作精良的日剧或日本电影，其实拍摄团队是有史以来最小的，只有三个人。陶辉的工作方法还是从先寻找场景后写作开始，他觉得这样工作起来会更有确定性，不会做太多的妥协，因为如果反过来，那么在日本京都那样一个语言不通的地方将是很困难的。对他而言，很多作品都首先是以一个场景出现的，然后再通过这个场景发散出去、生长出来，场景中的"物"加上"人"就会是一个很丰富的概念。《你好，尽头！》九个视频中的故事主要来自发生在中国、令人印象深刻的新闻，其中七个的剧本是自己写的，其余两个是朋友写的。演员都是在当地招募的，其中一半是有表演经验的专业演员，完成了台词比较复杂的部分，另一半是京都艺术中心的志愿者，完成了台词比较简单的部分。在驻留的两个月里，陶辉玩了一个月，之后两个星期写剧本，两个星期拍摄剪辑。最后他把九个屏幕设计成九个墓碑的样子，每个屏幕搭配一个沙发。在美术馆和画廊看录像时，有些作品太长，观众往往坚持不住，看一半就走了，因此他希望这次观众可以坐下来看，哪怕只看两三个，只要那个段落是完整的就可以了，结果没想到很多观众都是一次看完了九个。

虚构与真实

2018 年，韩国国家现当代美术馆的策展人朴周元（Joowon Park）邀请陶辉参加一个群展"你知我甚少"（HOW LITTLE YOU KNOW ABOUT ME）并希望他做一件与韩国有关的作品。他很高兴，一直就想做这样一件作品，因为如果涉及流行文化，就肯定绕不过韩国。策展人建议他先过去，待一个星期，感受一下，结果过去的时候刚好赶上一个很有名的组合 SHINee 的主唱金钟铉（Kim Jong-hyun）自杀了。世界各地的粉丝都来到唱片公司所在的商场 SMTOWN 祭奠金钟铉，场面让陶辉非常震撼。同时他在 SMTOWN 见到了一位十年没见的澳大利亚朋友，这位韩国流行文化的狂热粉丝一边哭一边对他讲自己对金钟铉的爱是真实的。陶辉这才理解了粉丝为什么管自己的明星叫"爱豆"（idol），这件事让他想做一件与之有关的作品。陶辉第二次去韩国待了一个月，感受到了更多与自杀和流行文化有关的东西。他告诉我，首尔汉江有一座很有名的麻浦大桥，是全世界自杀率最高的大桥之一。为了降低自杀率，政府在桥上写了很多暖心的标语，结果没想到后来自杀率更高了。2018 年的平昌冬奥会场地距离首尔有一定的距离，为了吸引对冬奥会不感兴趣的年轻人，政府请了当时最火的明星去办演唱会，而且观众买了演唱会的门票就可以去看冬奥会。对政府而言，流行文化是一种政治手段，目的是建立新的文化话语权，因此开始发展流行音乐，而且的确发展得很好，但是实际上韩国的这个行业是一个很让人寒心的行业，好的当然很好，没到达金字塔塔尖的就都很惨。陶辉的《Double Talk》（闪烁其辞）是一个小作品，也是一个艺术家作品，结果制作团队帮他找来报名男主角的就有一百多人，这让他非常惊讶。他从照片中选了几个形象比较符合的来面试，来的一个比一个帅。最后选中的演员不是最帅的，但是最契合剧情，因为长相没有那么出众，所以在那样一个系统中恰恰能够体会那种不太成功的明星的状态。《Double Talk》以双屏录像的形式呈现，右边屏幕中是一位不太成功的明星去世之后回到现实生活中再次经历之前经历的故事；左边屏幕中则是一位教师在教室里给学生分析右边屏幕中故事背后的东西。

2018 年的《南方戏剧史 A 幕》（The History of Southern Drama Scene A）是受台北的其玟画廊（Chi-Wen Gallery）之邀根据特定地点做的一个项目。在录像《南方戏剧史作家冷水花访谈》中，古稀之年的冷水花决定将自己的故事告诉记者：四十多年前，她的爱人未经她的许可，复制了她的手稿，改编成六部广受好评的电影，她对爱人的背叛感到愤怒，从此不再写作。除录像之外还有四张表现冷水花青年时代的照片以及一个写字机器人的装置。去台北之前陶辉已经有了另外一个类似的故事，但是到其玟画廊之后住在那个场景里故事就随之发生了改变。其玟画廊从东区一个很小的空间搬到了士林区。士林区是一个有很多外国人居住的地方，到处都是老洋房。画廊老板租了一套老洋房，楼上自己住，楼下开画廊，还有一个院子，"冷水花"其实就是院子里一种植物的名字。住在这样一个有历史感的老洋房里，陶辉根据想象写出了新剧本，有趣的是最后找到的演员真的就是从苏州过去的。他告诉我《南方戏剧史 B 幕》就是根据冷水花的手稿改编的六部电影，一部分是关于大陆的，一部分是关于台湾的。

2018 年的另一个项目《唯一具体的人》(The Tangible Ones) 也是受上海的 Gallery Vacancy 画廊之邀根据特定地点做的。画廊是旧中国法租界的一个老房子，周围有很多来考音乐学院的学生和来附近医院看病的重症病人住在很便宜的廉租房里，像是一个对未来依然抱有希望的人聚集起来的地方。因此陶辉做了一个全息风扇投影，投影中一个法国女人和一个中国女人喃喃自语地说着对爱人的思念和生活中的琐事。四周的喇叭播放着独白和吟唱，独白和吟唱与投影随机结合，构建出一种开放的叙事。这种声音与影像随机结合的方法曾出现在 2015 年上海艾可画廊的个展"一个人物与七段素材"（1 CHARACTER & 7 MATERIALS）中，来自无人播音室里的一个女性声音是一个已故女音乐教师的自白，而公交车站台的影像则来自陶辉笔记本里七个匪夷所思的场景草图。

节奏与知觉

香港马凌画廊的个展"节奏与知觉"（RHYTHM AND SENSES）展出了陶辉2019年创作的四件（组）作品。这个个展对他来说挺重要，原因不仅仅在于作品的形式有了一些改变，更在于作品讨论的内容有了一些新的东西。陶辉开始关注媒介本身，在此之前媒介完全就是媒介，完全就是工具性和服务性的。画廊的之字形空间被两道PVC滑动门分隔成了三个相对独立的空间。第一个空间中的作品是《屏幕作为展示主体》（Screen as Display Body）。红、蓝、绿、白四个显示器被依次排列在一个手推车上，几乎还原了出厂之前正在测试的状态。陶辉觉得自己作为一个影像艺术家，总在"压榨"投影仪和电视机，其实这些技术本来就是很有"艺术性"的东西，每次艺术的大变迁都与技术的大发展有关，因此他希望屏幕作为展示主体显现出来。第二个空间中的作品是《跳动的原子》。在巨大的竖屏中，一位晚会歌手播报着自己的生活片段，穿插其间的是类似抖音素材的舞蹈片段，这些舞蹈片段其实全是陶辉自己拍的，他像一个专门拍抖音的人在成都的大街小巷拍各种各样的人跳舞，拍了一个星期。晚会歌手是一位成都方言剧女演员，而且经常演泼妇。陶辉觉得这位女演员特别合适，因为她那种老气的讲话方式，特别是讲普通话的时候很像有点儿诙谐的官方形象。第三个空间中的作品是《白色建筑》（White Building）和两幅《无题（全息建筑）》［Untitled（Holographic Building）］。《白色建筑》装置的下半部分既像吊脚楼又像百叶窗，令人联想到现代主义建筑，上半部分有点儿像广播电视台的指挥中心控制台，四个屏幕中播放的是黄河瀑布和安塞腰鼓的视频，这些央视早年拍的视频是陶辉花八块钱在淘宝买的。二手视频与控制台处理的二手信息刚好契合，只是陶辉把声音换成了来自尼亚加拉瀑布和非洲鼓的声音，形成一种错置。《无题（全息建筑）》是用全息摄影技术拍的微缩建筑模型，就是房地产售楼处房子卖完、沙盘撤走之后废弃的微缩建筑模型。陶辉告诉我，全息摄影是一种特别复杂、耗时耗力的技术。这种技术对环境的要求很高，房间里不能有任何气流，柔软的东西比如橡皮就拍不出来，物体的振幅达到0.1纳米就无法成像，因此需要一个绝对安静、空气比较稳定的空间。激光从旁边的房间发射出来，然后通过透镜变成两束光，一束打在拍摄物体表面上，另一束打在成像材料表面上，物体有多大，成像就有多大，因此最后看起来是一个立体的东西。1971年丹尼斯·加博尔（Dennis Gabor）凭借这项技术的发明获得了诺贝尔物理学奖，今天的VR和AR技术都与之有关，但是目前做全息摄影的人越来越少了，原因可能是这种技术对现实而言没有太大的作用。陶辉觉得，对他来说这就是一种能够绝佳体会媒介的技术，全息摄影看上去是平面的，其实是立体的，而且里面包含了很多信息。"全息建筑"与"白色建筑"形成一种互文关系并与前两个空间中的作品一起思考"人在数字时代如何自处、共处"的问题。

主要个展

2019

- "节奏与知觉",马凌画廊,香港

2018

- "南方戏剧史 A 幕",其玟画廊,台北
- "陶辉",The Breeder(画廊),雅典,希腊

2017

- "一点儿不多余",OCAT 西安馆,西安

2016

- "时常",UNTILTHEN(画廊),巴黎,法国

2015

- "新倾向:陶辉",尤伦斯当代艺术中心,北京
- "一个人物与七段素材",艾可画廊,上海

2013

- "观光客",空格空间,成都

主要群展

2021

- "第四届今日文献展:缝合",重庆当代美术馆,重庆
- "环形撞击:录像二十一",OCAT 上海馆,上海
- "第七届江汉繁星计划:情动",武汉美术馆,武汉
- "寻迹",K11 Art & Culture Centre(K11 艺术与文化中心),香港

2020

- "Hasty Falling Time"(极速下降的时间),线上,日内瓦当代艺术中心,日内瓦,瑞士
- "策展课 II:故事与结构",OCAT 深圳馆、华·美术馆,深圳
- "暗光",昊美术馆,上海
- "第七届台湾国际录像艺术展—ANIMA 阿尼玛",凤甲美术馆,台北
- "当速度成为形式——在屏幕里生活"(When Speed Become Form - Live In Your Screen),山中天艺术中心,北京
- "2020 +",红砖美术馆,北京
- "具身之镜:中国录像艺术中的行为与表演",新世纪当代艺术基金会,北京
- "梦饮酒者",在线电影院,实验影像中心
- "宫津大辅 25 年录像收藏展:东亚与东南亚的境迁信号",金马宾馆当代美术馆,高雄
- "自由联接——2020 OCAT × KADIST 青年媒体艺术家展览",OCAT 上海馆,上海
- "Methods of Connection"(连接方法),京都艺术中心,京都,日本

2019

- "希克奖 2019",西九文化区 M+ 展亭,香港
- "国立亚洲文化殿堂(ACC)群展",光州,韩国

- "新征程：第三届深圳当代艺术双年展——观念、形式和日常化"，深圳
- "月相"，尤伦斯当代艺术中心，北京
- "光影如网"，chiK11 美术馆，上海
- "长征计划：赤字团"，长征空间，北京
- "聚合体：与中国相关的移民研究项目"，北京歌德学院／的｜艺术中心，北京
- "re-IMAGE-n"（重新映像），第四届温哥华双年展，温哥华，加拿大
- "宫津大辅收藏展"，笠间日动美术馆，笠间市，日本
- "SESC 巴西录像艺术节影像展"，罗马当代艺术博物馆，罗马，意大利
- "重蹈现实：来自王兵的影像收藏"，OCAT 上海馆，上海
- "百物曲"，上海外滩美术馆，上海
- "百物曲"，Para Site（寄生虫艺术空间），香港
- "Body Search I"（身体搜索），莱比锡当代艺术博物馆，莱比锡，德国
- "极限混合：2019 广州空港双年展"，广州翼·空港文旅小镇，广州
- "在我的房间里"，天线空间，上海

2018
- "拔起头发飞翔"，新世纪当代艺术基金会，北京
- "祝福"，Gallery Vacancy（吉屋画廊），上海
- "指南针／Saudade; Unmemorable Place in Time"（在时间上无法描述的地方），贝拉多收藏美术馆，里斯本，葡萄牙
- "曼谷艺术双年展 2018"，曼谷，泰国
- "当下急行 ONE STAR，ONETRAVEL!"，之空间，重庆
- "循环播放"，刺点画廊，香港
- "夏日群展：放映 II"，马凌画廊，香港
- "稳态理论"，普利亚当代艺术中心，塔兰托，意大利
- "Dominus Vobiscum"（上帝与你同在），OOOJH（画廊），首尔，韩国
- "中国新影像：2010 年以来的新态度"，安仁，成都
- "Pseudo-& Hetero"（伪异性），Lithium（画廊），芝加哥，美国
- "你对我知之甚少"，韩国国立现代美术馆，首尔，韩国
- "疆域——地缘的拓扑"，OCAT 研究中心，北京
- "途中镜子"，星汇当代美术馆，重庆

2017
- "疆域——地缘的拓扑"，OCAT 上海馆，上海
- "复相·叠影——广州影像三年展 2017"，广东美术馆，广州
- "2017 深港城市／建筑双城双年展（深圳）"，南头古城，深圳
- "HUGO BOSS 亚洲新锐艺术家大奖 2017"入围艺术家展，上海外滩美术馆，上海
- "展演剧场——当代艺术家短片作品放映"，chiK11 美术馆，上海
- "2017 京都：亚洲回廊当代艺术展"，京都二条城，京都艺术中心，京都，日本
- "光·合作用：亚洲当代艺术同志议题展"，台北当代艺术馆，台北

- "未来电影院"项目，巴黎蓬皮杜艺术中心，巴黎，法国
- "第二届道滘新艺术节"，XI 当代艺术中心，东莞
- "中国当代艺术年鉴展 2016"，北京民生现代美术馆，北京
- "I SEE：国际录像艺术展映"，柏林画廊，柏林，德国
- "时代质感——四川美术学院作品展"，中国美术馆，北京
- "转瞬之间"，马凌画廊，香港
- "启视录"，墨非墨空间，青岛
- "教学相长"，中央美术学院美术馆，北京
- "TALK，TALK"（说，说），剩余空间，武汉
- "沧海桑田"，Esther Schipper（施博尔画廊），柏林，德国

2016
- "I SEE：国际录像艺术展映"，歌德学院（中国），北京；四川美术学院，重庆；德国驻上海总领事馆文化教育处，上海
- "镜中表演"，新世纪当代艺术基金会，上海
- "Hack Space"（黑客空间），chiK11 美术馆，上海
- "装"，OCAT 深圳馆，深圳
- "何不再问：正辩，反辩，故事"，第 11 届上海双年展，上海当代艺术博物馆，上海
- "新国际：另一个世界的可能"，即空间，三亚
- "新一代艺术实践中的影像表达"，西安美术馆，西安
- "转向：2000 后中国当代艺术趋势"，上海民生现代美术馆，上海
- "谧"，艺术门画廊，新加坡
- "我们的未来"，红砖美术馆，北京
- "中国当代艺术年鉴展 2015"，北京民生现代美术馆，北京
- "弱无可依，请寄信于我"，Sabsay（艺术空间），哥本哈根，丹麦
- "旅途愉快"，上午艺术空间，上海
- "新资本论，黄予收藏展"，成都当代美术馆，成都
- "教程：移动的影像和一个来自中国的使用教材"，皮诺·帕斯卡里（Pino Pascali）基金会美术馆，波利尼亚诺，意大利
- "2016 巴塞尔香港展会：光影现场"，agnès b.（影院），香港
- "Hack Space"（黑客空间），K11 Art Foundation 临时展览空间，香港
- "M+ 放映：四十年"，百老汇电影中心，香港
- "蓝顶美术馆媒介研究系列 –（影像）Action"，蓝顶美术馆，成都
- "本土：变革中的中国艺术家"，路易威登基金会，巴黎，法国
- "藏品：中国当代艺术作品精选"，路易威登基金会，巴黎，法国

2015
- "青年的尺度"华宇青年奖入围展，三亚
- "亚洲艺术节"，泉州
- "谈身体"，艾可画廊，上海

- "冬纪 2015"，千高原艺术空间，成都
- "上交会"，激烈空间，上海
- "信仰 / 自由 / 永不过时之技术"，波兰美术家协会华沙分会，华沙，波兰
- "第 19 届 SESC 巴西录像艺术节'南部全景'单元"，圣保罗，巴西
- "Essential Matters：中国移动影像展"（必要元素：中国移动影像展），Borusan Contemporary（伯鲁桑当代艺术空间），伊斯坦布尔，土耳其
- "气旋栖息者"，应空间，北京
- "日光：在德黑兰和重庆之间"，LP 艺术空间，重庆

2014
- "冬纪群展"，艾可画廊，上海
- "Où vas-tu？"（你上哪儿去？），无国界艺术中心，巴黎，法国
- "积极空间"，时代美术馆，广州
- "旋构塔"，时代美术馆，北京
- "我们如何成为这个世界的一部分"，十方艺术中心，重庆
- "伊朗到中国"，Darbast（平台），玛森画廊，德黑兰，伊朗

2013
- "自我生成"，苏州美术馆，苏州
- "LEAP 香港巴塞尔放映项目"，香港
- "第 18 届 SESC 巴西录像艺术节'南部全景'单元"，圣保罗，巴西

2012
- "最差的展览"，分泌场，北京
- "传说"，北京

2011
- "看望未来：成都双年展特别邀请展"，文轩美术馆，成都
- "工作坊"，器空间，重庆
- "重庆独立影展"，实验电影单元，重庆

驻留项目
- "re-IMAGE-n"，第四届温哥华双年展，温哥华，加拿大

余果

身体进入空间

天气状况	多云 / 小雨
气　温	17℃ /14℃
风力风向	东风 1~2 级 / 东风 1~2 级
采访时间	2020 年 11 月 4 日，星期三，9：30—12：30
采访地点	后堡公园，重庆市南岸区南坪正街 83 号

就在采访坚果兄弟的第二天一早，余果如约来我住的宾馆找我。吃过早餐，他开车带我来到长江南岸一个视野开阔的小公园，一边喝茶，一边聊天，采访非常顺利。中午吃的洞子鲫鱼，晚上吃的重庆火锅，整个下午余果带着我在重庆市中心行走，从黄桷坪到白象街再到朝天门，虽然很累，但我真实地感受到了重庆的立体地形以及余果所说的身体与空间的关系。

身体与空间

　　余果的录像创作总是以身体进入空间的方式开始，通过田野、讨论、写作、拍摄、剪辑编织影像和文本，一边构思一些碎片化的东西，一边在整理这些东西的过程中继续寻找线索。因为疫情，余果的很多计划都被打乱了，本来计划短期快速完成的一个作为之后一系列项目基础的新项目越做越复杂，至今还在慢慢打磨，估计年底才能完成。尽管如此，下半年疫情慢慢好转之后，余果还是走了很多地方，先是去了两趟陕西，帮人拍纪录片，然后参加了宋轶的项目"不周山"（TETRIS），从北到南去了西宁、玉树、兰州、重庆、桂山岛，在此期间为一个合作项目还去贵州的六盘水和遵义做了一次短期考察，接着去了一趟云南，也是帮人拍纪录片，下一步计划是应魏源之邀去武汉的非营利空间微线体（Microneme）做一次短期驻留。余果告诉我，其中比较有意思的是"不周山"项目。宋轶没有把这个项目当成一次完整的策展行动，而是召集了一些差异性很大的人，挑选了一些差异性很大的地方，一起在行走中讨论，前后大约一个月。就像激发研究所的名字中"激发"一词所提示的，宋轶主要是希望通过一种事件性的东西激活每个人未来行动的方向。"不周山"项目可能在短期内没有那么容易呈现，也没有要求每位艺术家必须完成一件作品，但是通过一次活动把这种实践放到一个集体机制里自然会有一种生产性，而且艺术家往往会有自我要求。余果觉得宋轶比较回避直接的生产性其实是把生产性的时间线放得很长，艺术家参与其中就会进行自我分析，然后在这样一种形式里找到想要的一些东西，可能会在接下去的实践中找到某种线索。

　　与激发研究所的"不周山"项目不同，2018年重庆工作研究所（Chongqing Work Institute）的《重庆漂移》（Chongqing Drift）是一件由四川美术学院八位师生杨光影、余果、李琳钰、鲍大宸、吴剑平、单子曦、严然、刘皓南共同完成的录像作品，其中包括两位教师、两位研究生、一位刚毕业的本科生、两位大二学生、一位大一学生。八个人的差异性很大，通过这个项目认识的艺术家在讨论了一个大概内容之后，各自围绕城市与身份的主题拍了八个章节，最后剪在一起。《重庆漂移》虽然现在看起来有些粗糙、有些瑕疵，但是有种一次完成、非常当下的感觉。大家感觉似乎作品做完之后，讨论才真正开始，因此希望能够重新修改这个作品，但是已经很难再次全部聚在一起。在余果看来，这个作品就像一串珍珠项链，八个章节依次串在一起，但是如果相互之间的对话可以穿插在一起，不是每人几分钟一段，而是在某个人讨论一个城市、一个身份的时候，其他人突然加入进来，提出一种不一样的观点或者共情，可能整个作品的编织就会更加紧密一些。作为抛砖引玉的引子，杨光影和余果在《重庆漂移》的开始讲述了"城市球队"和"家庭迁徙"的故事。

　　余果的老家在四川靠近陕西的通江，过去通江、南江、巴中、平昌四个县是一个面积很大的贫困区，现在已经脱贫。11岁之前余果都生活在通江，20世纪90年代流行"下海"，父母因此办了停薪留职，全家去了海南，余果的母亲顺利成为文昌一所私立学校的教师。当时海南建了很多私立学校，从内地招聘教师，打的广告很有意思，可以明目张胆地把私立学校叫作"贵族学校"。余果母亲所在的私立学校建在宋氏祖居旁边的一个原始森林里。封闭管理的校园，现在看起来都挺魔幻的建筑，体型巨大的蚂蚁，一棵榕树长成的一片树林，一年四季住在学校的双胞胎同学，这些奇怪的事物和经历与他之前很"野"的生活反差很大，给他留下了深刻的印象。虽然只有三年，时间不算太长，但是处在那样一个重要的童年时期，就会对地理空间的认识非常敏感。1997年香港回归、重庆直辖，父母先后回到重庆，在清华中学工作，余果开始在那里上初一。重庆作为一个内陆工业城市，在住房商品化以前，所有的住房和地理的空间都是按单位划分的，像钢管厂、兵工厂、3403厂都是按厂区划分的大院。清华中学所在的李家沱周围有很多工厂，因此余果有很多同学、朋友都是工厂子弟，其中那些模仿古惑仔的同学、朋友常常问他要不要加入"帮派"，他觉得自己也慢慢"江湖"起来了。这对他来说又是一种很"野"的生活，又是一种很大的反差。因此余果后来对地理空间感兴趣可能与从通江到文昌再到重庆的经历有关。

绘画与影像

2002年，余果考入四川美术学院油画系，在离家很近的黄桷坪校区度过了大学时光。毕业那年学校主体搬入虎溪校区，留下其中一个公共艺术学院，最近几年黄桷坪一带已经成为一个网红打卡的地方，这让他有些感慨。虽然大一、大二玩儿乐队，喜欢电影和文学，兴趣广泛，但是当时没有想过将来去做艺术家，余果笑称毕业两年之后才发现好像不太适合别的工作，每天上班太痛苦了。毕业之后余果的创作一直都以绘画为主，2010年开始做一些装置、行为和影像。2011年，余果通过电子邮件发送的绘画作品入选了首届"青年艺术100"，然后开始参展、卖画。他告诉我，也许是通过绘画进入艺术系统的缘故，大家开始认识他就知道他是一个画画的艺术家，因此当他开始做装置、行为和影像的时候，很多画廊仍然只关心他的绘画，不关心他的影像。

余果 2013 年在岭空间的个展"从海岸到高原"（FROM COAST TO PLATEAU）展出的主要就是绘画、摄影和装置。为了能够展出影像作品，余果自己租了两个屏幕并向画廊借了一些器材和电脑，后来发现第二天朋友去看就只看到了绘画和装置，原来开幕之后画廊就把影像作品给撤了。他理解画廊的做法，但他认为沟通和交流应该建立在相互尊重对方想法的基础上，然后按照自己的需求和价值观选择合作的方式。同样，2015 年在成都千高原艺术空间的个展"丛林"（JUNGLE）和在上海元画廊的个展"短篇小说"（SHORT STORY）展出的也主要是他的绘画作品。从 2010 年到现在余果做了将近二十件影像作品，影像逐渐成了他创作的主要媒介，同时绘画的线索一直都在，只要有时间就想画一画，而且现在回过头看很早的绘画就已经与地形和地理空间产生了联系，因此对他来说自己的绘画和影像是可以放在一块儿的，最初是那样一种艺术体制把他的绘画和影像分开了。

　　与之前三个以绘画作品为主的个展不同，2016年在器·Haus空间的个展"斯坦尼康"（STEADICAM）没有绘画作品，只有创作于2014年至2016年之间的五件影像作品：《红线》（Red line）、《招工》（Recruitment）、《黑洞》（Cave）、《南方公园》（South Park）和《斯坦尼康》。《红线》是一个在具体空间中的行为影像。重庆铜元局是一个拆迁区，虽然破破烂烂的，但是有人不愿意搬走，选择继续在那里生活。余果用红外线水平仪在那里的一面墙上投射了一条红线，然后用铁锤击打地面，地面震动，红线跟着震动，这一过程被记录下来成为一件身体性的影像作品。《招工》是余果参加石青"腹地计划"（HINTERLAND PROJECT）项目中的子项目"班车"（BUS）时在东莞做的一件作品，另一件作品是没在"斯坦尼康"展出的《群》（Groups），这两件作品都与东莞的工人有关，是受到当时艺术介入社会潮流影响的作品。艺术家应该放弃主体性，介入另一个群体，参与社会运动，还是应该强调艺术家身份在社会中的价值，强调介入的灵活性、机动性和主体性？这个问题让余果纠结了很久。现在他觉得这种纠结中有一种张力，可能就是像西奥多·阿多诺（Theodor Adorno）说的艺术的自律和介入之间的那种张力。《黑洞》也是一件身体性的影像作品，出发点是一种自我批判。当时余果每天都有大量时间待在工作室，要么画画，要么思考，这让他想到了柏拉图的洞穴理论，一个对真实和影像之间焦虑的经典寓言。在黑暗的工作室，余果把一幅在网上找到的洞穴图片打印成廉价的巨幅户外广告挂在墙上，然后把自己悬在空中，一边摆动一边用手电筒照亮墙上的"洞口"并发出SOS信号。余果认为，《红线》和《黑洞》都不是行为作品的影像记录，而是身体进入空间的影像作品，《南方公园》也是这样。在此之前，他用一个家用DV拍了很多片子并发现这个机器有一个功能，可以把拍到的影像投射出去，但是不能投射存入的影像，也不能剪辑拍到的影像，如果把这个机器拟人，这个功能就是她/他的独特语言。因此余果白天在沙坪公园拍自己的行走并记录自己的速度和路线，夜晚将拍的影像投射出来并以同样的速度和路线重新行走一遍，白天的影像与夜晚的真实之间有时脱节有时吻合，媒介语言与身体记忆之间形成了一种微妙的关系。

斯坦尼康

《斯坦尼康》是个展"斯坦尼康"的同名作品，从这件作品开始，余果的影像创作线索开始逐渐变得清晰，他希望走向一种更加具体的空间。那段时间余果喜欢在重庆的地理空间中到处行走，有时候特别晚，他发现凌晨三四点的朝天门批发市场里全是"棒棒"（挑夫）在工作。20世纪90年代开业的朝天门批发市场位于市中心，货物流量很大，大车只能晚上进入，货物全靠人力搬运，每天早上五点左右开门，下午三四点关门，凌晨三四点正是"棒棒"搬运货物的时间。余果计划用斯坦尼康拍这样一个空间。斯坦尼康是租的，而且是一种非常传统的摄像机稳定器，不像后来的摄像机稳定器那样容易操作，经过反复练习才能保持身体和机器的统一，这正是他需要的一个概念。他不知道会拍成什么样子，但是与他想象的不一样，从头拍到尾没有一个"棒棒"过来问他是干嘛的，尽管他身穿保安制服，斯坦尼康的承重背心、减震力臂和稳定平衡杆像武器一样看上去极具攻击性。"棒棒"面对镜头都很沉默，没人说话，只有沉重呼吸的声音。有一次令他印象深刻，他听到背后传来一个像动物发出的低沉声音，回头一看，原来是他挡了一个"棒棒"的路，这个"棒棒"扛着一个巨大的包裹从小巷里出来，因为包裹巨大无法说话，那一瞬间他起了一身鸡皮疙瘩。余果告诉我，重庆有上半城和下半城之分，在朝天门附近上下半城之间的距离其实很近。不像其他大城市的富人区和平民区之间没有多少连接，重庆上下半城之间的融合程度很高，他们的生活半径相似，相互联系紧密。现在十八梯的吊脚楼基本已经被拆完了，所以就更看不出来上下半城的区别了。

2017 年的《路人》(Passer-by) 对余果来说比较关键，尽管这件作品看上去很简单，也很日常。他选择了两个地理空间，完全没有预设地等两个陌生路人来与他聊天。第一段聊天选在重庆南山一个很野的地方，两边是山，中间是河。在余果的记忆中，山路就是一种公共空间，如果经常爬山就会发现每座山都有一个山腰的位置，路人可以在大石头上或者大树下歇脚，而且每翻过一座山都有一个垭口，路人可以坐在那里休息，附近有简陋的土地庙或者观音庙。在这样的空间中，人和人之间可以依赖地理建立一种关系。他在垭口架了一台摄像机，看到远处一位老大爷走来就打开摄像机一路拍下去，老大爷自然而然地边走边聊，向他简单讲述了自己的一生。第二段聊天选在重庆渝中区的一个老栈道。余果发现与第一段聊天不同，在这样一个离城市更近、更像旅游点的地方似乎很难找到可以同行并聊天的路人，经过反复尝试，他最后找到一个孤独的小女孩愿意一起上山边走边聊。小女孩有些防范意识，同时想要多聊一点。与第一段聊天不同的地理空间加上性别和年龄的差异，二人的聊天特别尴尬，他觉得这种尬聊也是一种真实。

2017年的另一件作品是《长焦摄像师》（Long-focus Videographer）。余果在淘宝网租了一台焦距最长的家用DV，租期十天，租金一百元，然后选择在最热的时候拍摄重庆，因为只有在最热的时候才能拍出城市中空气浮动的感觉。他没有计划、漫无目的地在江边行走、拍摄。江边很热，四十多度，虽然最后剪出来的片子很顺畅，也很好看，但是通过身体不停地行走、通过镜头不停地推拉、不停地观看，十天下来也是一种自虐。长焦可以看得很远，可以看到一些肉眼看不到的东西，因此好像不是一种纪实，似乎和后网络艺术家使用网上素材的创作类似。用余果的话说，即使看到江对面一个人要跳河，自己也没有什么办法，这些虽然是在真实空间中看到的，但其实和真实的对象之间似乎没有什么联系，或者说联系很弱。尽管那种焦虑的状态保持了很长一段时间，但是他试图从中寻找一种张力，而不是一种纠结，一种越来越清楚的张力，而不是越来越暧昧的纠结。

碛石

《浮动的土地》（Floating Land）是 2018 年的一个作品，余果觉得不太成熟，但他希望通过这个作品能接近一些问题，具体来说就是与重庆的土地和城市进程有关的问题。重庆很多地名中的坝、坪、坡、垭、坎、塝等字都与地形有关，但是土地开发的逻辑就是另外一种方式。他继续到处走、到处看，拍了很多新城和老城的东西，然后通过影像把这些东西隐喻成"浮动的土地"。比如行走的时候看这个城市会尽量往远处看，同时随着身体的移动天际线也会发生变化，如果上下移动摄像机，然后以稳定的方式播放影像，那么看上去就像土地在移动。余果不太满意《浮动的土地》这种单一维度的"重新描述现实"，因此有了 2019 年的《结界》（Enchantment）和《碛石与危岩：羊角镇的地表现实》（Rock and Cliff: The Geological Surface of Horn Town）。

《结界》的灵感来自余果大学时期沉迷网络游戏的经历，现在回看那时的游戏与现在的手机游戏不同，需要逼真的体验和真实的世界，而且越做越大，像《魔兽世界》（World of Warcraft）里面就有不同的地理空间，河流、湖泊、海洋，似乎无边无际，那种东西非常吸引他，直到后来发现其实游戏外面的世界似乎更吸引他。《结界》之后的《碛石与危岩：羊角镇的地表现实》源于一个偶然的契机。余果当时在四川美术学院新媒体艺术系代课，课程内容是写生（社会实践调查）。美院师生以前经常去重庆武隆区的旅游景点，比较方便和安全，因此余果决定跟随大家统一行动。那段时间天天下雨，他觉得旅游景点没意思，就和几个学生偷偷摸摸出去，计划下山转转县城然后回到山上。中巴车路过羊角镇的时候，他看到一片奇怪的工地，一眼看上去那里很像地震之后重建的"古镇"，但是似乎附近没有什么特别的旅游价值，而且"古镇"的体量很大，房子非常简陋，排列起来好像电子游戏中的工地。余果第二天自己又去了一次，发现那片工地已经有人居住了。一个从洞里钻出来的中年妇女看到他在拍东西就问他是不是记者。原来中年妇女以前是这里的农民，羊角镇开发以后没地可种，当地政府安排他们去做一些基建工作，大家都抢着去做，因为想做的人太多了。余果觉得羊角镇的故事可以拍成作品，里面有一些说不出来的东西，它不是一个热点事件，冲突也没有那么强烈，而且老羊角镇已经拆完，新的生活正在开始，这已经是一个无法改变的事实，艺术无法介入。但是这一点恰恰是他愿意去做的，里面有一种复杂性，而且与地形有关，从山上往山下走可以看到乡村区县阶梯性的行政方式。这种直觉促使余果又反复去了多次，遗憾的是他没有赶上羊角镇重要的开街仪式。他以为那是一个很大的仪式，至少持续一天，没想到早上九点开始，十点就结束了，其实只是一个持续一小时、针对直播的表演。当他赶到羊角镇时，现场屏幕已经拆除，"千年羊角镇，乌江纤夫魂"的泡沫大字已经损坏了。对余果而言，直接使用直播回放的素材可能更好，因为真正的村民都被拦在现场之外，现场之内的"村民"其实都对实际情况并不了解，他同样进不去、拍不了。最后余果去看了一场由印象"铁三角"张艺谋、王潮歌、樊跃导演的实景歌会《印象·武隆》。令他吃惊的是这场实景歌会描述的历史竟然与羊角镇的现实密切相关。拍了一堆素材之后，余果受芮兰馨之邀在成都的环形空间做了一个个展"碛石"，展出了四件不同线索的影像作品：《黑洞》《路人》《结界》和《碛石与危岩》（羊角镇项目的一堆素材）。

如何共同创作

2019年6月《碛石与危岩：羊角镇的地表现实》完成全部剪辑，在重庆工作研究所正式发布，之后又在环形空间公开放映。重庆工作研究所始于2018年5月，在某种程度上说是石青、姚梦溪和黄淞浩在上海的激烈空间暂时关闭之后在重庆的延续。余果告诉我，重庆工作研究所不是一个替代空间，更不是一个实体空间，没有日常运营的压力，也没有固定的人员团队和具体的实践方式，而是一个以项目生产组织起来的集体，可能会有一个大致的范围，只要是和重庆这种空间有关的项目都可以放到里面。开始的时候，重庆工作研究所的七个成员石青、姚梦溪、余果、李波、鲍大宸、董勋、吴剑平在大学城虎溪花园租了一套房子，差不多一百四十平方米，每月房租只有一千元，七个人平摊就没有什么压力了。当时也想做一些艺术家驻留项目，但是一方面大家平时各忙各的，另一方面也需要一定的成本，因此这里就变成了每年年底发布项目、平时进行讨论和学习的地方。重庆工作研究所为大家提供了一个共同创作的契机，吴剑平、董勋、鲍大宸三个人从姚梦溪策划的"重庆森林：一个亚洲伦理城市样本"（CHONGQING FOREST： A SAMPLE OF THE ASIAN ETHICAL URBAN）那个展览开始就经常一起做东西，而参加了那个展览的作品《重庆漂移》则邀请了很多学生一起参与共同创作。

余果在做《碛石与危岩：羊角镇的地表现实》剪辑期间，芮兰馨和一位四川美术学院美术学系的研究生徐卫受邀参与创作，因此虽然不是共同创作，但是朋友的参与使这件作品具备了一种开放的意味。余果觉得自己的创作一直以来都有一个最大的问题就是容易自洽，他希望在作品中找到一种张力或者纠结。在他看来，大多数艺术家都是自洽的，特别是观念艺术艺术家喜欢把自己的作品做得很圆滑，比如原因可以解释得非常清楚，实践有一个完整的过程，最后产生一个结果，他不太喜欢这样一种容易说通的东西。余果认为，目前最好的方式就是与人合作，自己是一个成熟的个体，可以保持自己的东西，哪怕与合作者之间有争论也不会是一个很大的问题，因此如果去做一些合作的项目可能会更有意思。《碛石与危岩：羊角镇的地表现实》的旁白有一部分就是芮兰馨和徐卫用方言自己念自己写的文字，使用方言的理由很简单，因为方言是更接近地理空间的语言。在一起看素材和去羊角镇考察的时候，余果会与芮兰馨、徐卫使用方言进行交流，然后形成有针对性的写作。比如徐卫引用保罗·策兰（Paul Celan）的《卡罗那》（Corona）中的名句"是让他们知道的时候了，是石头要开花的时候了"创作的一首诗挺有意思，于是就被剪辑在最后的作品中。疫情慢慢好转之后，余果继续考察了很多地方，他期待未来可以做一些有更多人共同创作的项目。

主要个展

2019

● "碛石"，2019 年 6 月 1 日—2019 年 8 月 4 日，环形空间，成都

2016

● "斯坦尼康"，2016 年 6 月 17 日—2016 年 6 月 22 日，器 · Haus 空间，重庆

2015

● "短篇小说"，2015 年 5 月 23 日—2015 年 6 月 30 日，元画廊，上海

● "丛林"，2015 年 4 月 18 日—2015 年 6 月 10 日，千高原艺术空间，成都

2013

● "从海岸到高原"，2013 年 10 月 19 日—2013 年 10 月 31 日，岭空间，重庆

主要群展

2021

● "学习"，HABITAT（艺术空间），上海

2020

● "临时症候"，星汇当代美术馆，重庆

● "对角线"，魔金石空间，北京

2019

● "这里通条条大路"，要空间，重庆

● "饥饿地理"，泰康空间，北京

● "全球都市 #2 反思人类"，蓬皮杜艺术中心，巴黎，法国

● "我们栖居的地方"，卡蒂斯特，旧金山，美国

2018

● "成都 · 蓬皮杜'全球都市'国际艺术双年展"，成都

● "重庆森林：一个亚洲伦理城市样本"，星汇当代美术馆，重庆

● "2018北京当代 · 艺术展（价值）"，全国农业展览馆，北京

● "等待一片蓝色的到来"，千高原艺术空间，成都

● "中国新影像：2010 年以来的新态度"，安仁华侨城创意文化园，成都

● "漂流"，现代汽车文化中心，北京

● "途中镜子"，星汇当代美术馆，重庆

2017

● "第二届重庆 · 成都当代艺术跨年展：混合 · 关联"，黄桷坪当代美术馆，重庆

● "千高原十周年展"，千高原艺术空间，成都

● "关系前后"，星汇当代美术馆，重庆

● "绘画的尴尬"，亚洲艺术中心，北京

● "春纪"，千高原艺术空间，成都

● "一幅不包含乌托邦的世界地图甚至都不值得一瞥"，北京公社，北京

2016

- "GYM，LET'S WORK IT OUT"（健身房，让我们来解决），其玟画廊，台北
- "景观 & 风景"，Gallery Soap（肥皂画廊），北九州市，日本

2015

- "腹地计划"，广东时代美术馆，广州
- "2015 艺术都市"，chiK11 美术馆，上海
- "动态之再：B3+BEIJING"（动态影像展），中央美术学院美术馆，北京

2014

- "教我们操心或不操心，教我们坐定"，Bank（画廊），上海
- "上海廿一当代艺术博览会"，洛克·外滩源，上海
- "上交会"，激烈空间，上海
- "旋构塔：2014 中国青年艺术家推介展"，北京时代美术馆，北京
- "红线"，Gallery Soap，北九州市，日本
- "靠近现实"，杜塞尔多夫文化局，杜塞尔多夫，德国

2013

- "时态第四回：日常转译"，望江公社，重庆
- "第七届 Organhaus 国际艺术家工作展示坊"，器·Haus 空间，重庆
- "自我生成"，苏州美术馆，苏州
- "光合作用：官家林之春"，荔空间，北京

2011

- "艺往无前：当代青年艺术现状展"，太原晋商博物馆，太原
- "青年艺术 100"，上海城市雕塑中心，上海

刘成瑞

延续一生的行为

天气状况	晴 / 多云
气　　温	18℃ /4℃
风力风向	北风 1~2 级 / 北风 1~2 级
采访时间	2020 年 10 月 28 日，星期三，11：30—13：30
采访地点	榆园小区，北京市朝阳区兴一路东

疫情期间，刘成瑞非常自律，一直在写东西，因此约我到他家进行采访。我到他家的时候，他正在厨房的一个角落里写东西。他告诉我，写东西的时候总会抽一点烟、喝一点酒，在厨房开着抽油烟机，基本不会影响其他房间。2021年初刘成瑞的新个展"九幅画和三百六十六首诗"在南京Banana Art Space（香蕉艺术空间）开幕，绘画与写作将他艺术的起点和现状联系起来。

写作这事没完

　　疫情对刘成瑞的影响挺大。他电脑里有一个叫"日常记述"的文件夹，平时会写一些短期规划、心理状态或者阅读摘录。2020 年元旦之后，刘成瑞计划在新的一年里少写东西，至少不写小说，因为在过去的一年里，他花了一年时间写了一部二十万字的长篇小说。但是，疫情开始之后，刘成瑞觉得写作这事没完，一方面去不了工作室，很多事都停了，另一方面又不能天天跟着网络信息一起焦虑，所以开始写短篇小说《钻》系列，一共写了二十多个，可以形成一本将近二十万字的小说集。小说集中有的故事是完成不了的艺术方案、观点和象征，他干脆把这些东西写成了小说，间接改变了一种创作方式。不仅如此，就在大约一周前，刘成瑞开始写一个新的系列《小小说》。这些写作加上每月一两万字的随笔和每天至少写一首诗的工作让刘成瑞在文字线索中树立了一点点小信心。《钻》系列是微信公众号"招隐 Echo"的约稿，《小小说》系列发在自己的微信公众号"donodo"上。刘成瑞告诉我，之所以会在公众号发，一个原因是虽然自己的写作不一定要让很多人知道，甚至自己都很少转发，但是如果能被想看的人看到，那他就会比较认真地校对一下。在密集的写作中，他不会因为疫情焦虑，也不会想太多其他的事情，所以之后还会有一个长篇写作计划。对刘成瑞而言，很多事情一旦开始可能就是一个长期的事情，就像加缪喜欢称自己为艺术家一样，从理论上说一个人只要在创作就是艺术家。在此之前，他会纠结写作是不是一种不务正业，但现在不会了。

其实刘成瑞的写作很早就开始了，他的第一本诗集《何路向东》完成于 2004 年，那时他还是一个大四学生，从没想过将来成为一个作家，直到现在也不认为自己是在写作。他觉得自己只是在用文字表达一些观念或者完成一件作品，同时可能不会像其他艺术家一样把文字视觉化，作为一种表达。对他来说，文字就是文字，故事就是故事，诗就是诗，行为就是行为，装置就是装置，没有模棱两可的中间状态。2004 年，刘成瑞在青海师范大学做了自己的第一个个人画展。开幕那天，他用行为表演和装置配合展览的开幕，同时在展览现场签售了自己的第一本诗集，因此可以说他对绘画、行为和写作的语言探索是平行开始的。他在大学时期就对当代艺术感兴趣，这除了与个人性格有关，另一个原因就是读书。青海师范大学距离青海省图书馆很近，每个周六他都会用矿泉水瓶子灌上白开水，去食堂打个包子或者馒头，然后去待一整天。图书馆的阅览室有一些图书和杂志是关于当代艺术的，像《艺术世界》之类的杂志每期都有相关内容。当时的阅读和青海的地貌都有一种特别开阔的东西，这让他觉得在某种开阔度上，很多艺术家及其作品是彼此接近的，像波德莱尔和弗朗西斯·培根，卢西恩·弗洛伊德和策兰，包括昌耀和一些更古典的艺术家，他们作品的意象和开阔度是一致的。或许由于这些原因，刘成瑞在创作中很少去碰社会事件，根据某一社会事件去做作品的方式是他有意规避的。

十年约定

刘成瑞大学毕业那一年报了"西部计划"的志愿项目。他开始选的是青海湖边草原上的一个乡，那里有一个特别好听的名字"伊克乌兰"（蒙语：红色的河），但是最后被分到了刚察县县城，因为全县没有专职美术老师，需要带一到四年级的美术课。刘成瑞开始的任务不是教美术，而是参与县里的人口普查，因此跑了很多乡镇学校，做了很多基层工作。其中的哈尔盖给他留下了很深的印象。那是一个特别奇怪的小镇，小镇学校旁边有一个像坟包一样的山，他每天中午吃完饭都去那里看书。有时候有穿着长袍很高很瘦的流浪汉缓缓走过，他总觉得那是一个古人，后来的行为作品《一个很久以前的人》（A Man from Long Ago）就与这一意象有关。那一年的支教对他影响挺大，他没用手机，把自己扔在那里，有时写写诗、有时做做行为，当然最重要的是与刚察县完全小学一百八十二个孩子的一个约定："十年计划"（DECADE）。刘成瑞和每一个孩子合影、留存他们的一根头发，以十年为一个周期约定见面，并与下一个十年能够见面的孩子合影、留发，以此往复，直至生命尽头。

2016 年，刘成瑞找到了这些孩子中的大约一半，合影、留发并拍摄了电影《十年》。十年之间，变化很大，2006 年县里有完全中学，但是 2009 年、2010 年左右县里的中学取消了，这些孩子有的去了州中学，有的去了海东市的一些县中学，有的去了西宁的私立学校和公立学校，而且有一半以上的孩子失联，因此十年之后想要找到这些孩子就比较困难，这与刘成瑞最初的设想有些出入。2016 年见过一面之后，大部分孩子都有了一个意识，就是有这么一个人跟自己有约定，他们觉得这是自己一生中定期等待的一个礼物。老师什么时候来成了他们一生中挺重要的一个事情，有的来北京会去看老师，有的听说老师在西安有展览也会去见上一面。刘成瑞希望 2026 年在刚察县建一个实体的联络点，因为那时他们已经都长大了，挨个去找已经不合适了，那么可以通过网络和电视台告诉他们，只要来这个地方，大家就能建立更多的联系。刘成瑞告诉我，他没有去拉赞助，因为觉得自己的作品应该顺其自然，如果到时仍然没钱，还是会用一种合适的方式把这个故事讲述出来。对作品而言，资本或许可以提升一些东西，但是提升不了艺术，或许十年后去租一个铺面、盖一个单体建筑，或者在草原扎帐篷等他们一年，场面会不一样，但是对于这个故事本身来说是一样的，艺术应该是什么样就是什么样，不管你做多大，也不管你做多小，都是改变不了的。刘成瑞不想给他们压力，也不想给自己压力，但是他有一些规划。四个月前刘成瑞十年约定的故事上了报纸，他笑称《北京青年报》比《一条》管用，县里认《北京青年报》，不认《一条》，如果按照自己对 2026 年约定的规划建"约定馆"是需要当地政府支持的。

标记时间

"十年计划"是刘成瑞的第一个持续行为项目，与人的交往有关，而支教之后来到北京开始的持续行为现场项目"刮子移土"（GUAZI MOVES EARTH）则始于2007年迷笛音乐节的一次即兴裸爬行为。第一次"移土"是在2007年实现空间的"OPEN（打开）国际行为艺术节"，刘成瑞赤身裸体、匍匐前行，用嘴将室外的泥土移到室内。这个从即兴开始慢慢发展出的一系列行动方式接近的项目已经持续了十年、实施了十次，最近一次"移土"是2016年在汶川做的，至今已经四年。刚刚来到北京的时候，有些前辈艺术家给刘成瑞的建议是作品不要重复，做一个是一个，但是在他看来，即使是同一个行为表演方案，第二次做和第一次做其实是两个不同的作品，因为包括人和现场在内的各种因素都不一样了，而且如果没有后来的持续就根本不知道这个"移土"最终能够做成什么样子。因此"刮子移土"不是一个方案，而是一个可以持续实践的类似信念的东西，这一点是刘成瑞比较看重的，他尤其期待自己年老之后继续勤勤恳恳"移土"的作品会是什么样子。

第一次做《刮子移土》的时间比较短，前后都有艺术家做作品，所以整个过程只有二十多分钟。第三次做《刮子移土》的时间比较长，是一个工作日，于是刘成瑞开始在室内每一堆土的旁边标记时间。标记时间与 2008 年开始的一个持续行为项目"地标"（TIAN'ANMEN）有关，而结束标记时间则与 2011 年北京维他命画廊的个展"我们都有着相同的背景"（OUR BACKGROUNDS ARE ALL THE SAME）中的一个持续行为作品《可能 48 天》（Possibly 48 Days）有关。在前一个项目中，他发现时间有一种既宽泛又准确的含义，因此开始标记，在后一个作品中他发现记录的大量时间可能只是数据，因此在最后八天和其他行为现场中都不再标记时间。"刮子移土"从第三次开始标记时间，其中只有 2008 年的第四次是例外，那次受香港一个展览的邀请做一个关于奥运会的作品，刘成瑞有事去不了，就在北京六环外含了一口土，然后坐公交车到市中心吐了出来。刘成瑞从 2013 年前做过的大量行为现场中逐渐总结出了自己的方法。在他看来，行为现场是一种需要一定的表演和行动，在特定空间和时间中用身体完成的艺术，因此需要反复推敲，最后选择一种准确的方法。经过两次"移土"，到第三次的时候刘成瑞发现室内外圈土的圆形和方形白线是多余的，就去掉了，同时发现裸体不好，就光膀子穿了裤子穿了鞋。他觉得"移土"做到这一阶段算是成熟了。

　　"地标"是另一个标记时间的持续行为项目，始于2008年元旦，终于2013年4月14日。刘成瑞2006年来到北京，他自出生起就一直没到过天安门，于是从2008年开始在自己住的院子门口贴了一张打印的天安门照片，每次进出的时候摸一下并记录出门进门的时间和出门的原因，直到去天安门的愿望渐渐淡化就结束，这样五年多积累了六本很厚的日记。2013年刘成瑞搬到费家村艺术区之后，不知为什么把这事给忘了，"地标"就因此自然而然地结束了。他觉得这个项目其实特别贴近一个中国地方普通人的心态。地方普通人来北京的第一件事往往就是去天安门，但他想强调的是自己随时可以去，但就是不去，看能否用强调来淡化这一愿望。刘成瑞从这个项目意识到一个问题：如果去天安门是个梦想的话，是实现好，还是保留好？梦想就在手够得着的地方，这种感觉似乎更美妙一点。

寻找盲童

2014 年的"澜沧江计划"（LANCANGJIANG ART PROJECT）仍然跟刘成瑞的支教经历有关。他曾在街上遇到一个怀揣盲童的藏族妇女走过来问他是否愿意收养盲童。多年以后，刘成瑞想，是不是可以去找一找这些孩子？因为他听说盲童在当地宗教中被认为是前世罪孽的后果，这些孩子基本上是被放养的状态，就是自生自灭，也不接受教育，死了之后就埋在河边，这件事成为"澜沧江计划"的起因。虽然在青海湖边待过一年，但是澜沧江的源头在另外一个地方，其实挺危险的，妈妈说："容易出名的事不要干"，刘成瑞决定用一种温和的方式去做。他从玉树州杂多县境内的澜沧江源头开始，先找盲童，找到盲童之后雇当地的向导骑摩托车去找河流，然后标出经纬度，回来之后在谷歌地图（Google Earth）上用盲童的名字给这些河流命名。他告诉我，经过与谷歌地图联系才知道真的命名是不可能的，命名只能是一个概念，因此他做了一个录屏，使之成为一个概念作品。

最初的"澜沧江计划"没有治疗盲童这个部分，但是因为共情和人道的行动加入了这一环节。让刘成瑞觉得比较遗憾的是本来可以治好其中一个盲童，但是结果不了了之。他找了愿意为这个孩子提供治疗的两家基金会和一家医院，第二年借为北京民生现代美术馆开馆展"民间的力量"创作《更远的鹰》（Distant Eagle）之机，在杂多县找了一辆面包车专门去上次的村子挨家挨户根据照片找那个孩子，奇怪的是就那么一个小村子，问了一两个小时，竟然没人知道。在他的想象中"澜沧江计划"的下一部分就是刘成瑞等这个孩子长大，一起去一次胡志明市，因为澜沧江的入海口在那里。

"澜沧江计划"没有拍纪录片，也很少拍照片，刘成瑞开始觉得用摄像机拍摄并非工作关系而且不太熟悉的人好像不是很有礼貌。他希望"澜沧江计划"是一个可以讲述的简单而朴素的故事："我去见你，你来见我，我很感谢你，作为礼物我送你一个一两百块钱的红包加上一条哈达，可能以后你每次想起你跟我的见面都不会觉得尴尬。"从"澜沧江计划"开始刘成瑞越来越在意作品中人与人之间的关系。在持续进行的"十年计划"中，所有学生只要付出劳动，都会获得一些收入，他想让每一个参与的人知道这是一个社会协作的项目，而不只是情感引导的事情。比如，有的孩子要来帮忙整理十年文献，他做的第一件事情就是问有没有电脑，没有的话就先去给学生买台电脑，然后开始干活并付一定的报酬。

"澜沧江计划"是通过众筹的方式完成的，当时众筹刚刚开始流行。刘成瑞没资金，但是想做这个项目，想来想去觉得应该大家一起来做，因此决定不是自己去找，而是替大家去找。每找到一条河流，他就捡九块小石头拍张照片并标记河流的经纬度和对应盲童的名字，每块石头的价格是一百元钱，收藏者会得到这块石头和石头的档案。如果是五百块钱，刘成瑞就会写一首诗并把这首诗朗诵出来，收藏者会得到这首诗、一张照片和一段视频。如果是八百块钱，刘成瑞会替购买者在河边喝醉一次，他喜欢喝酒，总会把喝酒的价格定得最高。有一次刚刚准备好酒和羊肉，旁边的牧羊人就过来要求和他一起吃、一起喝，结果大家那天喝了很多酒、醉了好几次。刘成瑞告诉我，石头、诗和醉酒的档案、照片和视频卖出去了不少，虽然总共筹到的钱不多，只有两三万元，但是足够支撑"澜沧江计划"顺利完成，而且被众筹网评为当年前十的项目，挺美好的。

2015 行为现场

《惩罚骄傲》（Flying Blind & Liu Chengrui）的灵感来自刘成瑞少年时代的一行诗句"我把血卖了给你买件衣服，绿的。"2014 年，刘成瑞在黑桥的一个小空间 Aiyo Space 里将这句诗的概念呈现了出来。他觉得血最好的容器是刀刃，而刀刃最好的容器则是刀鞘，因此把带有自己血迹的一把刀放在微信群里拍卖，然后用拍卖所得四千多元请独立设计师梁小燕做了一件绿色的衣服。这件绿色的衣服、带血刀刃的照片和印在墙上的诗句组成了最初的《惩罚骄傲》。第二次展出的《惩罚骄傲》是2015 年与 Flying Blind（两眼抹黑）品牌的一次合作，该品牌根据《惩罚骄傲》的概念重新设计了八套女装，然后做了一场有刘成瑞参与其中的时装秀。后来这八套女装并没上市，因此刘成瑞觉得与其说是自己又做了一件《惩罚骄傲》，不如说是 Flying Blind 跟他合作搞了一把艺术。当时刘成瑞想做衣服并且注册了商标，后来想想自己夏天穿的衣服都是身边艺术家朋友免费赠送的，自己做的衣服谁会去买呢？于是"惩罚骄傲"尽量不出产品，逐渐变成了一个用别人打赏自己公众号的钱去打赏别人公众号的循环概念，如果将来的作品收藏产生进账，那么可以用"惩罚骄傲"品牌的名义支持别的年轻艺术家。

"一轮红日"（INTO THE SUN）的方案刘成瑞想了三年，本来是 2013 年给 A4 当代艺术中心的个展方案，由于种种原因，最终的呈现是包括五件狱中作品和一个行为现场的"于是河"（SO THE RIVER）。2015 年，"一轮红日"的方案得以在上品艺琅实施。"一轮红日"是一个从身体体验到空间色彩都接近神话故事的方案。小的时候爸爸总是捏捏刘成瑞的锁骨说："古代的犯人会被人用铁钩子从这里穿过去"，因此他总认为穿锁骨可能没什么大不了。朋友给他推荐了穿孔师，穿孔师看了一眼都没起身就说做不了，穿孔圈里没有做这个的。就在他要转身告辞的时候，穿孔师走过来摸摸他的锁骨说他的可以做，但是如果用他带来的银钎做可能会有生命危险，得用医用钢钎，而且得签个生死有命的协议。展览开幕那天，刘成瑞上身涂满红色颜料，穿着黑裤子、绿皮鞋，锁骨带着两根钢钎，钢钎上拴着两条从画廊房顶垂下的红色丝带。此后他在画廊生活了十二天。穿上钩子三天后穿孔师来消毒的时候很生气，因为没料到他要带着钢钎十二天。第十二天取钩子时，让穿孔师非常惊讶的是前三天他的锁骨其实已经发炎了，但是好像后来慢慢被身体吸收了。因为这事，他和穿孔师后来成了很好的朋友。在画廊的十二天中，刘成瑞或在地面用锤子分解巨石，或在半空中的红日装置上休息，整个过程通过一个网站进行二十四小时全程直播。其中的一个插曲是根据他身体结构设计的红日装置上的床被加工厂装反了，睡上去很难受，这增加了对他身体和精神的考验。十二天之后钢钎被取下，刘成瑞休息了两天，然后回到画廊，身穿红衬衫、蓝西装、红皮鞋，开始坐在一尊白色雄鹰雕塑前整理石头档案并以每克十元的价格出售，这样又在画廊待了十二天。与前半部分神话表演的古典意象形成对比的是后半部分销售石头的现代行为。石头的价格比银子略贵一点，但是没有门槛，只买一克也行，刘成瑞需要的是这种参与，让参与者也成为故事的主人公。

2016 现场行为

2016年的个展"异教徒"（PAGAN）与"一轮红日"一样，也是一个在画廊中完成的具有强烈剧场感的现场行为项目，也是完全按照艺术家的设计图制作的空间和视觉，没有任何出入。刘成瑞在没顶画廊用钢板搭建了一个大水池，里面灌满绿色的水，自己身穿绿衬衫、红西装、红皮鞋，脸上涂满白色，每天从日中到日落在水中进行表演，总共七天完成七次行为，与之相伴的是七个不同色彩的金属球（红、橙、黄、绿、黑、蓝、紫），第七天的行为与第一天的一致，以示循环往复。对刘成瑞而言，"异教徒"的难度其实比"一轮红日"要大，因为前者只需要理性就可以了，而后者则完全是虚构，既没有有力的行动，也没有太多的观众，那么怎样度过这个时间就成了一件很有挑战性的事。自"异教徒"起，刘成瑞开始与没顶画廊合作，至今已经五年。对他而言，艺术家与画廊的合作是一个职业生涯的分水岭，无论销售与推广如何，都会让自己这样一个习惯了自然生长的艺术家内心变得比较稳定。

2016年的《悲伤》（Grief）是对俄罗斯行为艺术家彼得·帕弗伦斯基（Pyotr Pavlensky）的作品《缝》（Seam）的一次回应。2012年，帕弗伦斯基为抗议政府逮捕女权主义朋克乐队"暴动小猫"（Pussy Riot）将自己的嘴缝了起来。看到微博上被这条刷屏的消息之后，刘成瑞在想缝嘴这种自残行为除了表达政治立场之外，目的能不能只是笑一笑？这是他一个简单的初衷。帮他缝嘴的是曾在"一轮红日"中合作的穿孔师。他一提出缝嘴的要求，穿孔师就非常爽快地答应为他免费做并建议可以把眼睛和耳朵都缝起来。刘成瑞笑称，自己总是愿意配合合作者，而穿孔师则有野心把自己当成了他的作品。《悲伤》最终的呈现方式是三组照片，每组五幅，嘴被缝起来的、双眼被缝起来的、嘴和双眼都被缝起来，绿色背景、红色毛衣的刘成瑞在三种状态下展现了三次笑容。其中双眼被缝起来的那一组效果最好，因此展出频率比较高。刘成瑞告诉我，这是他第一次可能也是唯一一次用作品去回应其他艺术家的作品。他认为帕弗伦斯基的《缝》一旦脱离政治语境，艺术性就会大打折扣，艺术应该上升到更抽象、更形而上的层次，因此缝起嘴和双眼展现一次笑容可能在艺术上更有力量。

尽管行为艺术在中国已经被讨论了很多年，但是仍然在被艺术圈内外妖魔化。刘成瑞认为，在圈内大家表面的不认可和内在的认可其实挺矛盾，比如很多影像艺术家的作品内容其实都是非常普通的行为艺术，但他们不会说这是行为艺术而会说这是影像艺术，又比如很多艺术家其实都在用行为艺术的语言创作，但从来不愿意说这是行为艺术，更愿意说这是雕塑、表演或社会介入。刘成瑞觉得，当大家都在回避一种艺术语言的时候，自己突然很真诚地站出来行动或谈论其实挺不合时宜的。对他来说，行为就是行为，绘画就是绘画，小说就是小说，电影就是电影，都是很严肃的艺术。如果写小说、拍电影，哪怕是一个三流小说、三流电影，也要以小说的形式出版、以电影的形式发行，因此在这个意义上说，刘成瑞是一个"原教旨主义"的行为艺术家。

主要个展

2021

- "九幅画和三百六十六首诗"，2021 年 1 月 6 日—2021 年 2 月 6 日，Banana Art Space，南京

2018

- "约定成林"，2018 年 3 月 2 日—2018 年 3 月 3 日，三亚国际音乐节，三亚

2016

- "异教徒"，2016 年 5 月 14 日—2016 年 5 月 20 日，没顶画廊，上海

2015

- "一轮红日"，2015 年 8 月 6 日—2015 年 8 月 28 日，上品艺琅，北京

2013

- "于是河"，2013 年 9 月 7 日—2013 年 10 月 7 日，A4 当代艺术中心，成都

2011

- "我们都有着相同的背景"，2011 年 7 月 16 日—2011 年 7 月 29 日，维他命艺术空间，北京

2010

- "刮子"，2011 年 9 月 18 日—2011 年 10 月 12 日，伊比利亚当代艺术中心，北京

主要群展

2021

- "散步：从社区延伸到自然"，云美术馆，深圳
- "重度的情调"，G+ART SPACE，武夷山
- "记号，密域，世界中心"，千虎瑠 ART SPACE，西安

2020

- "分层与合成"，谢子龙影像艺术馆，长沙

2019

- "天天向上·2019青年艺术家提名展"，筑中美术馆，北京

2018

- "陆上行舟：流域变迁与社会行走"，现代汽车文化中心，北京
- "刷屏／劳作：2018AMNUA 摄影展"，南京艺术学院美术馆，南京

2017

- "缝合：当代艺术从业人员诗选"，尤伦斯当代艺术中心，北京

2016

- "北京诗人"，玛勒斯当代艺术中心，马斯特里赫特，荷兰

2015

- "第三届乌拉尔工业当代艺术双年展"，叶卡捷林堡，俄罗斯

2014

- "积极空间项目艺术展"，广东时代美术馆，广州

2013
- "卢布林行为艺术现场交流展"，Galeria Labirynt（迷宫画廊），卢布林，波兰
  "NIPAF 国际行为艺术交流展"，东京、大阪、长野，日本

2012
- "演讲：艺术家们的自由发言"，中央美术学院美术馆，北京

2011
- "韩国 FINAF 国际艺术论坛"，釜山美术馆，釜山，韩国

个人诗集

2017
- 《悲伤》

2013
- 《于是河》

2004
- 《何路向东》

个人网站

www.liuchengrui.com

坚果兄弟

借艺术的名义进入生产力体系

天气状况	阴 / 阴
气　　温	17℃ /15℃
风力风向	东风 1~2 级 / 东风 1~2 级
采访时间	2020 年 11 月 3 日，星期二，20：30—23：30
采访地点	亚朵酒店，重庆市渝中区中山三路 157 号

9月底我开始约坚果兄弟，一直约不到，他说自己状态不好，整个10月都在湖北老家，是否可以等一等。11月初我去重庆采访余果，在地铁忽发奇想，给坚果兄弟发了微信，问月中去深圳出差是否可以见一面。他说他在重庆，准备在重庆待一段时间。我说我也在重庆，真是意外惊喜。终于，就在采访余果的前一天晚上，我邀请他到我住的宾馆，对他进行了采访。

社会性项目

坚果兄弟不是两个人，是一个人，英文"nut"（坚果）有"疯狂"的意思，所以坚果兄弟就是"双重疯狂"的意思。他从 2011 年底开始借艺术的名义做第一个项目到今天为止做了多少没算过，但是每年都有两三百个想法，十年下来最少也有两千多个想法，付诸实施的最少也有几十个。他觉得有时候就是情绪驱动，不服、不爽，就往前赶，特别是做社会性项目，一个小项目接着一个小项目，每一个都消耗特别大，相对而言，不是社会性的项目都做得比较轻松，像"尘埃计划"（Dust Plan）就是想好了就去做，精神状态不太一样。虽然没有固定的团队和工作室，但是最近几年他开始与 NGO（非政府组织）、媒体、艺术家、策展人合作，一起推动各种社会性项目的展开。对坚果兄弟来说，做社会性项目最大的一个问题就是永远不知道下一个项目会做什么，有可能是遇到什么事了，然后再去整理这个事，再去做。比如做"关于小壕兔水污染事件"就是因为郑宏彬的"九个发布会"召集了九个艺术家各自进行创作，坚果兄弟是其中之一。后来大家在西安做了一次总结，他就在项目的名称前面加上了"应急｜反应"四个字。在他看来，这种社会性项目没有太多国外经验可以借鉴，国内做的人也很少，因此只能自己摸索。

谈到疫情，坚果兄弟开始觉得可能对自己没什么影响，后来发现其实影响挺大，主要是心理上的，因为大多数人都处于一种情绪压抑的心理状态，自己当然也就脱不开关系。虽然交际很少，但是会经常看各种新闻，他跟一个朋友聊天说，可以做一个项目叫"好消息杂货铺和坏消息杂货铺"，但是发现好消息很少而坏消息很多。那段时间，知道有朋友去做志愿者，从封城到开城一直在里面工作，他挺佩服的，自己也从对疫情的应急反应陆陆续续延伸出了一系列项目，从武汉公墓的方案征集到围绕举报展开的测试。之后由于种种原因，坚果兄弟离开了上海。

整个 9 月，坚果兄弟都在阜阳和武老白、小明、郑宏彬一起实施"饥饿艺术家计划"（Hungry Artist Program）。这个项目源于他 2014 年的一个想法，名字来自卡夫卡的短篇小说《饥饿艺术家》。最近几年，全国展开扫黑除恶行动，其中有一些案子有很多问题，当"葛林林案"的涉案家属唐洁找到他们时，他们提供的策略针对的不是案件本身而是涉案家属如何维权，因为案件太复杂了，案件的事情让律师去说。以"在遭遇不公又走投无路的时候，谁还不是个艺术家？"这样一句话为起点，他们招募了很多人做了监狱体验和绝食抗议的十二天直播"饥饿艺术家计划"，期间又做了"五个大台球"和"共享电动车 SOS"两个子项目。坚果兄弟告诉我，就在几天前"葛林林案"的二审出来了，葛林林被减刑六年，之前"组织、领导黑社会性质组织罪"中的"领导"两个字被去掉。"饥饿艺术家计划"的目的是除解决具体问题之外讨论一个普通人的权利如何能够得到保障并让更多的人看到这个讨论。坚果兄弟觉得做类似的社会性项目挺难、挺煎熬的，比如做"小壕兔"的时候，相关官员会被查、被停职，相关企业会花很多钱解决问题，他在做的过程中也会被各种势力威胁，但是有时候就是会不服、不爽，然后就不想那么多了。

书与书店

　　或许由于从小在宽松自由、没有打骂的家庭中长大，坚果兄弟觉得自己一直处于一种野生的状态，喜欢干什么就可以干什么，一切看心情。他大学在湖北大学学的是汉语语言文学，2004 年毕业之后南下深圳，在一家相当不错的广告公司上班。那家公司的创意总监与一般的创意总监非常不同，在公司里放了很多社会学的书。2008 年，经历过一次短暂的北京之行，坚果兄弟回到深圳并于 2009 年在豆瓣发起了"99 人书库"（99 People Book Sponsor）项目。这是一个新的开始，不善交际的他没想到一发出消息就得到了很多人的响应。在做读书会和讲座的过程中，他发现在深圳这样一个地方想邀请更多有影响力的文化人其实很难，因此不得不开始做一些创意性的活动。促使坚果兄弟决定搞艺术的一个最直接的推动力是 2011 年和朋友老郭、熊玮的一次聊天。搞艺术的老郭说："坚果，你也可以搞艺术的。"老郭可能是半开玩笑或者随口一说，但是坚果兄弟认真想了之后，觉得自己的确可以搞艺术，当然最主要的原因还是杜尚和欧宁的影响。

　　坚果兄弟爱书、爱书店，之后的很多项目都跟书和书店有关，比如"30天就倒闭书店"（Close the Bookstore in 30 Days）和"一吨雪"（A Ton of Snow）。2011年的"30天就倒闭书店"是坚果兄弟入行出道的第一个艺术项目。针对当时的"书店倒闭潮"，他在豆瓣招募了三十位可能靠谱的店长，每人当一天店长、提一个问题、做一场活动，这样就变成了一个小型文化节。后来"深港城市建筑双年展"找他参加展览，他开玩笑说已经倒闭就不参加了。"30天就倒闭书店"是在一个临街的小画廊里实施的，坚果兄弟找了一个废弃的长板凳并找朋友雕刻了店名作为招牌，然后与一个书店合作把书店里的书全部搬来，第一次进入的人会认为这就是一家书店。对他而言，第一个作品是挺重要的，因为后来的很多作品都与这件作品有着某种联系：一方面它们都不是在一个艺术体系里执行，而是在一个生产力体系里执行，像书店就有销售、有购买、有店员、有顾客；另一方面它们都是从内部到外部，走向自我解构，而问题则在这个解构的过程中显现出来。2013年的"一吨雪"很多人不知道，是在一个朋友的书店里实施的，针对当时流行的"毕业撕书节"，坚果兄弟去深圳高级中学以比废纸贵的价格买了一吨高考学生用过的书，然后运到书店里全部撕碎并用鼓风机吹起来，让一吨书变成一吨雪，否则这些书将被作为废纸送到东莞重新造纸。坚果兄弟撕纸的过程持续了三十天，除偶尔有观众参与体验之外，他一个人撕完了所有的书。他告诉我，这个过程看上去挺好玩儿，其实挺辛苦，而且碎纸中的有毒元素影响了身体，也是一种自我伤害。

坚果兄弟的书店项目一直在延续，他在寻找公共空间的另一种可能：2016年的"屋顶上的破书店"（A Shabby Bookstore on the Roof）用二手材料在屋顶创建了一个完全开放、持续一年多的旧书店；"48小时书房"（48-hour Bookstore）用五千五百本新书搭建了一个四十八小时就消失的房子，每本新书都以五点五折的价格销售。2018年的"真相书店"（Truth Bookstore）在3月15日"打假日"收集了大量书名含有"真相"二字的正版书，每本书都以八折的价格销售，结果第一天就被"打假"并转入地下；"1吨知识书店"（1 Ton Knowledge Bookstore）邀请一百位各个领域的知识分子推荐了一千本书做了一个书店，全部论斤卖。

低头吸霾

2015年初，坚果兄弟在一家公司上班，公司对他不错，允许他下午上班，上午去做自己的"无意义公司"。他找代理公司快速注册了一家"无意义公司"，然后在豆瓣招募了三十个人，每人一百元工资，需要花两个小时做一件毫无生产力的事。坚果兄弟笑称，作品完成之后自己被迫从公司辞职，原因是没给公司创造任何效益。2015年下半年他来到北京，开始实施一个筹备了两年的项目"尘埃计划"。"尘埃计划"是坚果兄弟最有名的一件作品，也是国内外媒体报道最多的一个项目，前前后后持续了将近半年。有意思的是，当坚果兄弟找到一家吸尘器公司寻求赞助时，对方完全没有兴趣，结果是一位深圳卖油焖大虾的老板松哥赞助了他两万块钱，而且后来还赞助了他另外一个项目的一台电脑。坚果兄弟说，每次聊起这件事都有人笑，但是仔细想想，这位深圳老板既不是艺术家，也不是收藏家，甚至不求什么回报，其实挺厉害的，同时这件事对整个当代艺术生态而言何尝不是一个讽刺呢？从7月24日到11月29日，他推着一台工业吸尘器在北京著名地标建筑附近吸空气中的尘，除雨雪天气和重大活动之外一共吸了一百天，得到了一堆空气污染颗粒。这些颗粒很快被送到唐山的一家砖厂制成一块"霾砖"。这块"霾砖"的最终命运有些意味深长，随着媒体报道的升温，有人开价从一万元到一百万元想买这块砖，但是都被他以开价一亿元的方式拒绝了。他觉得如果卖掉这块砖，整个作品就不成立了。12月5日，在一个四合院的建筑工地，他把砖交给了一个正在砌墙的师傅，师傅非常自然地把砖砌入墙中，一句话也没说。两天后北京发布了第一次空气重污染红色预警。

在北京做"尘埃计划"期间，坚果兄弟还非常偶然地做了另外两个个展项目"朝内81号·鬼才信：坚果兄弟个展"（Only Ghosts Believe：Nut Brothers Solo Exhibition）和"北京黑话"（Bei Jing Hei Hua）。做"朝内81号·鬼才信：坚果兄弟个展"的起因是当时有一位天津的策展人想在天津的一个"鬼屋"做一个展览，但是后来换了一个更加正式的空间，展了其他人的作品，唯独没有展坚果兄弟的作品，于是他打印了一些新闻标题的横幅准备伺机潜入北京有名的"鬼宅"朝内 81 号举办一次"个展"。朝内 81 号经常有年轻人探险，在里面拉了几个横幅、拍了几张照片之后，坚果兄弟就撤了。做"北京黑话"的起因是坚果兄弟 2013 年、2015 年两次来北京租房遭遇了黑中介的经历。当他想方设法在网上收集到一千个黑中介的电话号码并准备做一个展览时，他知道在中国人民大学一栋居民楼里做独立艺术空间 Arc Space 的策展人张理耕（Jerome Araki）正在遭遇着相同的问题。因此两人一拍即合，用三天时间把一千个黑中介的电话号码写满了整个空间。展览现场循环播放着艺术家与策展人拨打前十个黑中介电话的录音，观众可以拨打任意一个电话听对方的反应，也可以同时拨打两个电话让他们互相聊天。大家越玩越起劲，最后有人发明了新玩法，让 siri 跟一头雾水的黑中介聊天。

仰望星空

兰登国际（Random International）创作的大型互动装置展"雨屋"（RAIN ROOM）曾于 2012 年在伦敦巴比肯艺术中心、2013 年在纽约现代艺术博物馆、2015 年在上海余德耀美术馆展出并大获成功。"雨屋"中技术与人的互动给坚果兄弟留下了很深的印象，之后受到在一家小书店看到的一句话"全世界超过 60% 的人从未见过银河"的启发，2016 年 10 月坚果兄弟创作了"人造星空"（ARTIFICIAL SKY）。那是一个成本二百万元的大型互动装置展，好几个朋友和他一起筹备了很久，正好找到一个马上要开张的深圳花生 U 谷文化创意产业园，于是借助官方资源实施了这个项目。坚果兄弟的展览团队利用一周时间在七百平方米的圆形黑色空间中设置了一千零一个蓝色主灯和二千五百个蓝色辅灯，又设置了九百个可以亮灯的正向词语，一百个可以灭灯的负向词语，以及一个可以让全部灯都亮起来的词语"麦田"。每次仅限一对情侣参观六分钟，每当说出"理想""和平""爱情"等词时就有相应的灯亮起来，每当说出"暴乱""洗脑""专制"等词时就有相应的灯灭下去。他在展览文案里写道："我们生活在城市里，我们制造尘埃，我们制造光；数据显示，全世界超过60%的人从未见过银河系；人类是一群特殊的动物，不仅由热血和骨头构成，更由所热爱的事物构成；词语是事物的浓缩，是我们认识万物的通道，是重塑世界的方式之一；假如可以回到世界之初，我想和你一起，两个人，通过一场词语风暴，制造灿烂星空；传统星空消失之际，仰望人造星空。"

坚果兄弟认为自己不是从艺术院校出来的，所以主要考虑的观众就不是艺术的从业者或者爱好者。2016年6月，他做了一个"群展"项目"1989以后/中国新生代行为艺术大展"（After 1989 / Chinese New Generation Performance Art Exhibition），名字听起来挺吓人，其实就是以极低的成本租了半个网吧四天，在二十六台电脑里展示了二十六位1989年以后（含1989年）出生并活跃在以快手为主的视频网站上的城镇和农村青年的"作品"。当时快手第一次被整个社会认知，大家都在带着偏见讨论"快手"里的魔幻世界。坚果兄弟在一个小驻留项目中收集了很多快手上有意思的视频作品，比如一个厨师可以像玩魔术一样把鸡蛋放在喷气的高压锅上不掉下来。这就引申出一个关于身份的问题：他们是不是艺术家？谁可以定义他们是不是艺术家？

带盐计划

很多媒体曾用"低头吸霾"和"仰望星空"来总结坚果兄弟的"尘埃计划"和"人造星空"，如果说这两个姊妹项目是从两个不同的角度关注空气污染和光污染的话，那么"带盐计划"（Dai Yan Plan）关注的就是水污染问题。经过调研，坚果兄弟发现小壕兔乡饮用水重金属严重超标。他买了一万瓶农夫山泉矿泉水，与小壕兔村民交换当地的饮用水，把换来的饮用水装进矿泉水瓶，于 2018 年 6 月 21 日在北京和西安同时开了两家只卖污染饮用水的"农夫山泉超市"，九千瓶在 798 艺术区两个著名艺术空间之间的"夹缝空间"，一千瓶在西安半坡艺术区发生器空间提供的一辆流动售卖车上。原计划展期一个月，但是 7 月 3 日北京的"超市"就被工商局依据《商标法》扣押了剩下的水并关闭了展览。四天后，坚果兄弟和来自长沙的侁尘乐队（Dust Lost）在小壕兔附近举办了一场无声版的"首届小壕兔重金属音乐专场"。前往小壕兔之前他们和当地的官员打了招呼，但是对方希望他们不要做，据说超过一定人数的演出需要报备。他们很快想了一个替代方案：观众不是人，而是羊。小壕兔的羊经常因饮用水污染而生病死亡。事情继续发展：一周之后，村民志愿者吴彦荣被抓，8 月坚果兄弟发起了"首届小壕兔环保英雄评选"；很快听说当地政府计划做新闻发布会发布水没问题的消息，10 月坚果兄弟放出将同时在北京做"羊羊山泉新闻发布会"的消息导致地方政府取消计划；一年之后，坚果兄弟回访小壕兔展开"小壕兔驻地"，针对煤矿乱倒垃圾引起跨省水污染发起"为煤矿董事长众筹机票，千里飞上海学垃圾分类"的活动，针对被煤矿和石化的人跟踪发起"躲猫猫计划：如何躲避24 小时跟踪我的人"。随着"带盐计划"发展成为包括一系列行动的系列项目，小壕兔的水污染开始受到越来越多人的关注。虽然当地政府至今不承认水有问题，但是他们一边赔偿、一边治理，花了一个多亿打了四十一口深水井，花几百万给村子修路把垃圾全部运走，这些事实恰恰证明了"带盐计划"的意义。

2018 年坚果兄弟还开了一家面馆"防狼喷雾川面馆"（Anti-Wolf Spray Sichuan Noodle Restaurant）。那一年初，华·美术馆邀请他做一个与吃和食物有关的作品，他就把这个作品放在了席卷全球的"Me Too 运动"背景中，希望由此引发相关讨论。他和美术馆的工作人员买了物料、开了面馆，厨师就是曾和他一起演讲的哥们儿施慈。施慈买了中国最辣的辣椒——产自云南德宏的"象鼻涮涮辣"——做成辣椒油，然后装到喷雾瓶子里，贴上"不服再喷"的品牌商标。一般的防狼喷雾不能被带上地铁，但是作为调料就行。坚果兄弟觉得其实这个项目可以做成连锁店，甚至一个 NGO 机构，虽然喷雾瓶子买得并不理想，据说喷的效果不是很好，但是可以继续改进。

深圳娃娃

　　做"带盐计划"不容易，做"深圳娃娃"（Shen zhen WaWa）更不容易。2019 年 6 月，深圳最大的城中村、被称为"深漂第一站"的白石洲因为旧城改造突然清租，十五万人在短期内面临搬迁，超过四千个家庭的孩子陷入就学困境，家长数次多方奔走寻求解决方案无果。在这一背景下，坚果兄弟开始实施"深圳娃娃"，"深圳娃娃"分成两个部分。坚果兄弟团队于 7 月底开始跟大量家长联络，询问他们的诉求，收集孩子的玩具娃娃，玩具娃娃上写着他们的诉求。十五天收集了四百多个娃娃，然后于 8 月初在深圳边界用一台二十九吨重的巨型抓机表演"抓娃娃"，将娃娃从深圳扔出去。"娃娃"一语双关，既指玩具，又指孩子。"抓娃娃"选择在深圳边界执行的原因有两个，一个是他们在做"小壕兔"的时候就发现一个问题，当地的事情要放到异地去行动，因为当地的干扰太多了，可能就做不了，所以远一点的地方干扰会少一点，另一个就是想有一种"娃娃"被深圳抛弃的含义在其中。他告诉我，事情发生之前房地产开发商其实知道他们要干什么，但是没有特别在意，还有集团工作人员跑来问他一些敏感问题，也就是说这件事情搞不定，就换一种方法设陷阱、抓把柄，事情之后就有人跑出来骂"艺术家都是垃圾"，他想那就哪天找只鹦鹉训练说这句话，做成一个项目。这是"深圳娃娃"的第一部分。第二部分是他们觉得还不够，因此在 9 月开学的时候和一百位朋友联合发起了一个"朋友圈万人展"。本来他想在北京做个展览，朋友帮他找了动物园里的一个空间，但是房东不知道从哪里打听来的消息，说是坚果兄弟做展览气死了房东，事实是他 2018 年做"农夫山泉超市"之后一两周提供空间的房东正常去世了。听到这样的传闻，坚果兄弟觉得很无奈，因此想不如把虚拟空间变成展览空间，比如说租赁一个人的微信朋友圈三天，三天不发别的东西，只发协议签名版海报和展览文件包内容，租金三毛钱。结果加入微信群的就有一千多人，还有很多没入群的人也转了消息。很快，"深圳城中村白石洲拆迁"就上了热搜。坚果兄弟觉得"深圳娃娃"这个项目的意义在于这是国内拆迁第一次站在维护租客权益的角度来推动事情的发展，以前的角度都是房东，这次是租客，而且是受教育权，因此不太一样。

2019 年坚果兄弟还开了一家公司"把直变弯心理咨询中心"。第一次注册时公司的名字是"就要掰弯"，被拒绝了，第二次是"掰弯"，又被拒绝了，第三次注册下来营业执照上的名字是"深圳把直变弯心理咨询有限公司"。坚果兄弟的这个项目是从武老白暗访同性恋矫正机构的项目"恋人"衍生出来的。武老白手里有一份"中国可扭转'治疗'机构名单"，主要来源于求助者提供的信息。通过这些求助者，坚果兄弟第一次知道了他们的遭遇，原来他们的父母或者亲戚真的会让他们去接受各种稀奇古怪的治疗。坚果兄弟告诉我，在美国，像武老白和他这样的直男做类似的项目是会被质疑的，LGBT 群体有自己的艺术家，但是在中国情况就有点不一样，因为 LGBT 群体的艺术家做的不多，所以自己是可以做的。

个人项目

2021

- "淄博火锅鱼", 2021 年 3 月—2021 年 4 月, 淄博
- "重金属乡村巡演", 2021 年 1 月至今, 内蒙古、陕西、青海、广东、河南、湖南、云南

2020

- "公墓", 2020 年 4 月, 线上
- "言论自由系列", 2020 年 5 月—2020 年 7 月, 线上 & 上海
- "一键举报神器", 2020 年 6 月, 线上
- "举报环球时报", 2020 年 5 月, 线上
- "自我举报试验", 2020 年 5 月—2020 年 8 月, 线上
- "闭嘴 30 天", 2020 年 6 月, 上海
- "真话冒险奖", 2020 年 6 月—2020 年 7 月, 线上 & 北京

2019

- "深圳娃娃: 万人朋友圈展览", 2019 年 8 月 4 日—2019 年 9 月, 深圳
- "把直变弯心理咨询中心", 2019 年 1 月 14 日, 深圳

2018

- "1 吨知识书店", 2018 年 6 月 9 日—2018 年 6 月 20 日, 深圳
- "带盐计划", 2018 年 5 月至今, 榆林 (小壕兔乡)、北京
- "真相书店 (地上 & 地下)", 2018 年 3 月 15 日—2018 年底, 深圳
- "防狼喷雾川面馆", 2018 年 1 月 20 日, 深圳

2016

- "人造星空", 2016 年 10 月, 深圳
- "表演", 2016 年 3 月 6 日—2016 年 3 月 10 日, 深圳
- "1989 以后 / 中国新生代行为艺术大展", 2016 年 6 月 15 日—2016 年 6 月 18 日, 深圳
- "48 小时书房", 2016 年 6 月 25 日—2016 年 7 月 10 日, 深圳
- "屋顶上的破书店", 2016 年 6 月 1 日—2016 年 8 月 28 日, 深圳
- "欠观众的眼泪, 艺术家迟早要还", 2016 年 3 月 1 日—2016 年 3 月 31 日, 北京
- "邀请你把 100 个时钟从双年展偷走", 2016 年 2 月 15 日—2016 年 2 月 28 日, 深圳

2015

- "NBB 新闻社", 2015 年 12 月 20 日—2016 年 1 月 17 日, 深圳
- "尘埃计划", 2015 年, 北京
- "北京黑话", 2015 年 9 月 16 日—2015 年 10 月 25 日, 北京
- "朝内 81 号·鬼才信: 坚果兄弟个展", 2015 年 8 月 28 日—2015 年 9 月 28 日, 北京
- "狗的爸爸在天上飞", 2015 年 6 月 1 日—2015 年 6 月 21 日, 深圳
- "无意义公司", 2015 年 4 月 1 日—2015 年 4 月 30 日, 深圳

2014

- "10 天, 每天带你看 1 个展览", 2014 年 10 月 10 日—2014 年 10 月 19 日, 上海

2013

- "一吨雪"，2013 年 6 月 20 日—2013 年 7 月 20 日，深圳
- "我想和你一起搞艺术"，2013 年 2 月 21 日—2013 年 3 月 21 日，深圳
- "我想用 1 块钱买你的 1 句话"，2013 年 6 月—2013 年 7 月，深圳

2012

- "百万之石"（100% 奢侈品），2012 年 4 月 13 日—2012 年 4 月 22 日，深圳
- "有种：为 1000 个人邮寄春天的种子"，2012 年 4 月 4 日—2012 年 5 月 1 日，深圳
- "沉默 100 分钟"，2012 年 7 月 6 日，深圳

2011

- "30 天就倒闭书店"，2011 年 10 月 24 日—2011 年 11 月 22 日，深圳

关小

拼贴

天气状况	多云 / 中雨
气 温	26℃ /14℃
风力风向	南风 1~2 级 / 南风 1~2 级
采访时间	2020 年 9 月 28 日，星期一，13：30—15：30
采访地点	恒同园，北京市顺义区李遂镇遂太路 1 号

因为疫情，"巴塞尔艺博会"和"圣保罗双年展"都推迟到了 2021 年，关小的行程也随之取消。采访陈轴之后回京不久，我就见到了陈轴的好友尉洪磊和关小，他们的工作室在顺义，我家也在顺义，但是开车过去仍然需要半个多小时。关小和尉洪磊的工作室空间巨大，四处都是正在创作中的雕塑和绘画作品，他们的工作状态非常符合典型职业艺术家的标准。

艺术家的方法

　　2020 年，关小在天线空间的第二次个展"8 个故事"（8 STORIES）开幕，距离上次在这家合作画廊的个展"基本逻辑"（BASIC LOGIC）已经过去了五年。这五年她其实特别忙，作品量很大，个展和群展很多，主要集中在欧洲、美国和上海。关小认为，就职业艺术家而言，量是最基本的要求，没有量的积累，创作观念就不会变得越来越清楚。疫情期间，美术馆展览的经费预算越来越少，制作周期越来越长，这种现实直接影响到国际艺术家的交流和发展。同时欧洲和美国的艺术市场大部分不太景气，画廊往往愿意选择相对保守的展览，这种狭窄的环境对艺术家的个人成长以及整个行业的长远发展都是不健康的。 尽管如此，除"8 个故事"之外，关小在 Kraupa-Tuskany Zeidler（克劳帕 - 图斯卡尼·蔡德勒）画廊的双个展"陈列扩展"（SHOWROOM EXTENDED）以及在圣加仑美术馆的"变形超速"（METAMORPHOSIS OVERDRIVE）、在 X 美术馆的"终端 >_HOW DO WE BEGIN？"、在科隆雕塑公园的"科隆雕塑 10：超自然 – 自然接管"（KÖLNSKULPTUR #10：ÜBERNATUR–NATURAL TAKEOVER）四个群展都如期举行。

　　大约一个月前，关小与时尚品牌 3ge3 合作了系列服装"农业的故事"（AGRICULTURE STORY）。目前她不太愿意跟大型奢侈品牌合作，反而喜欢跟像 3ge3 这样由年轻人组成的小团队、小品牌合作，前者往往会牵扯太多精力，过程比较复杂，而后者则基本上很容易就能够沟通，大家相互知道对方的审美倾向是什么，因此合作起来比较方便，比较舒服，也比较自由。那是一次好玩、有趣的合作，关小把 2019 年初在波恩美术馆个展"产品养殖"（PRODUCTS FARMING）中两件大型雕塑作品《纪录片 – 农业的故事：采集》（Documentary of Agriculture：Gathering）与《纪录片 – 农业的故事：养殖》（Documentary of Agriculture：Breeding）的背景布图案放到了工装、帽衫和裙子上。背景布图案来自一组用于高光谱图像分类的区块测试成像，是印度的一张高空扫描地图，由红外光谱仪成像。十六种庄稼分别被标记为十六种颜色，以几何色块的形态排列在方格中。关小偶然看到这种图案，觉得与之前自己作品中的蛇纹背景布图案在逻辑和视觉上有某种相似之处，有一种既严密又无序的感觉。她在展览布展时看到新背景布拉开的瞬间，觉得像是某种电子乡村碎花，特别适合做成布料，于是有了和 3ge3 这一次的合作。

关小的艺术创作看似复杂，其实几条线索非常清楚，每个阶段都会出现一种或几种新的类型。她告诉我，艺术家的创作可以归纳为四种方法。第一种是艺术家找到作品。她认为，一位优秀的职业艺术家应该可以把自己的概念扩展到任何一种媒介形式上，无论是地面雕塑、墙面雕塑，还是悬挂雕塑、桌面雕塑都应该可以在艺术家的概念中成立，这取决于艺术家究竟能够将自己的创作核心精简到什么程度，或者说梳理到什么程度，概念一旦含混不清或者太过复杂，就会出现那种今天试试这个、明天试试那个，自己也说不明白为什么的情况。艺术家应该能够特别准确地告诉别人选择这个（现成品）、不选择那个（现成品）的原因是什么。在她看来，很多看似抽象的问题背后都应该有一个特别具体的理由，而且几乎所有国际公认的优秀艺术家都能够在其提出的任何一个问题上给出特别清楚的理由，没有模棱两可，只有一针见血，否则在长时间的艺术工作中根本无法进行某种持续的创作。第二种创作方法是作品找到艺术家，比如受到某件现成品或者某件其他艺术家作品的启发，加上自己的理解，最后创作出作品。第三种创作方法是在现有的工作状态中把已经用过的形式或者已经用过的现成品提炼得更加纯粹，在精炼中提升，在提升中转化。当然，还有从空间出发去选择形式的第四种方法，这就要求艺术家在自己已有的体系里能够找到可以和某种特定空间相结合的形式。关小认为，第一种和第二种方法是从两个互相对立的方向各自开始的，是艺术家早期工作的主要方法，第三种和第四种方法类似，是针对已经度过了早期工作、具备了创作体系之后艺术家的持续工作方式，进一步来说，它需要大量的实践，在各种方法中实践，在各种线索中发现更多的形式。

幸存者的狩猎

2013年初，魔金石空间的"幸存者的狩猎"（SURVIVORS' HUNTING）是关小的第一个个展，展览中有一组六件雕塑作品《核样》（Nucleoid）。关小认为，"核样"的概念代表了世界扁平化、屏幕化之后的文化遭遇：曾经的信息遭遇就像是去美术馆和博物馆，艺术作品和历史文物会与同时期的文献、档案陈列在一起，让我们很清楚就能看到其中的一条发展线索，但是现在我们每天的信息遭遇就像核样，就像地质取样钻头，各种新的、旧的、好的、坏的，相反的东西碰撞在一起，在冲击力、破坏力、矛盾性、复杂性中产生了各种各样新的可能。因此在整个展览中艺术家把古代元素和当代概念放在一个框架中进行拼贴。

展览中还有一件录像作品《认知的形状》（Cognitive Shape）同样来自"核样"的概念。关小喜欢拼贴，她觉得从很久以前开始的这个时代最主要的特征就是拼贴，因此无论做录像还是做雕塑，创作的一个主要方法都是拼贴。从开始做录像的时候起，关小就不想拍摄。她的思路是：

既然每天都会上网，为什么不能用下载的素材直接拼贴呢？人们每天传大量的视频到网站上，而且往往上传者自己都不会去看，那么这些数量庞大的视频"垃圾"已经慢慢变成了另一种野生环境，为什么不能直接收集使用呢？关小最初的这件录像作品中出现了很多古代雕塑和器物的图像，关于这一点，她的解释是：第一是觉得好看；第二是经过漫长的时间洗礼，这些古代雕塑和器物与现在的文化背景脱节，因此产生了一种更加纯粹的抽象美；第三是用当代的方式编辑古代的东西，会产生一种矛盾感和破坏力，那是她特别喜欢的。《认知的形状》是关小的第一件录像作品，以三屏的形式呈现。关小笑称，也许是因为上网过度、同时开好多窗口的缘故，那段时间她特别喜欢一个屏幕前面叠一个屏幕的形式。它们被特别简单地放到一块儿，每个屏幕各自成立，但是同时好像每个屏幕又不是每个屏幕了，就像 BBC 的解说节目，前边有个主持人，后边拍的是博物馆，可能还有画中画在播放其他新闻，那么观众看到的到底是什么？明明都是特别具体的东西，但是放到一起可能又不是这个东西，而是别的东西了。在关小的录像作品中，三屏不是谁为谁服务的关系，它们不是三条线，而是一条线，共同完成了一个对环境的抽象描述。

四条线索

在 2014 年安特卫普当代艺术博物馆的群展"难道你不知道我是谁？身份政治之后的艺术"（ DON'T YOU KNOW WHO I AM？ ART AFTER IDENTITY POLITICS ）中，关小第一次展出了一组三件背景布雕塑作品《纪录片：地心穿刺》(The Documentary: Geocentric Puncture)。她的背景布雕塑作品看上去有点儿像拍摄现场，她喜欢拍摄现场一层一层的关系：背景布前面是拍摄对象，退开一点，周围有灯光、摄像，再远处有场务，观众、服化道都在后面。这些东西组成一个整体，其中好像有主角，但是由于工作人员太多，各司其职，可能根本看不清楚主角是谁，或者是谁也不太重要。她在拍摄现场把背景布与雕塑元素和极简主义架子放在一起，三者之间似乎没有真正的关系，但也很难完全没有关系，它们共同形成一种关于群展主题是"身份政治"的新美学。关小认为，每一个个体的在场其实就代表了一种身份政治，加上自己作品的视觉语言比较强烈，因此有一种视觉上的政治性。具体来说，就是各种元素之间起到一种相互破坏的作用，或者说彼此相互消解的作用，在背景布复杂的图案前，即使各种要素依然是清清楚楚、各自独立的，但放在一起却好像都不再是自己了，这是关小理解的一种身份政治。

在同年柏林 Kraupa-Tuskany Zeidler 画廊的个展"一些事情发生了就像从未发生"（SOMETHING HAPPENED LIKE NEVER HAPPENED）中，关小第一次展出了三件树根形态的雕塑作品《移动的山脉》（Moving Mountains）、《滚动的节奏》（Rolling Beating）和《轻微的眩晕》（Slight Dizzy）。对于是否引用根雕，关小开始有些犹豫，她对根雕的形态有一种因文化上太熟悉而产生的排斥，而且树根的造型很强烈，因此带来的历史感和文化性也很强烈。但是一试之下效果很好，她发现树根最有特点之处在于其抽象的形态可以代替雕塑中"做"的部分，而且既是一个不可重复的雕塑，又是一个现成品，因此是一种很有意思的雕塑材料。像做录像一样，她喜欢以传统的、古老的东西为基础，再用另一个东西去冲击它、破坏它，与之发生关系，制造矛盾、制造复杂，既互相对立，又互相消解，因此她加入了一些工业设计制造的现成品，做了最早一批树根雕塑作品。关小告诉我，选择铸铜工艺的原因是因为想与真实的根雕保持合适的距离，解决表达上的局限性和雕塑作品的版数。

在 2015 年的"第 13 届里昂双年展：现代生活"（13TH BIENNALE DE LYON: LA VIE MODERN）中，关小首次展出了一件十屏录像装置作品《一个和剩下的全部》（One and the Rest of All）。她一直对影像的时空叙事很感兴趣，在三屏录像中，三个屏幕在说一件事情，在同一个时间流向中运行，但是如果把屏幕拆开并分布在空间中，那么观众的运动轨迹就形成了观众的一种时间流向，按照不同顺序观看就形成了不同的完整作品，因此这是一种新的尝试。另一个与之前录像作品的不同之处在于，这一次不是完全使用下载的素材，而是将自己用手机拍的视频与下载的素材进行了混剪，制作成十个很短的录像。她觉得很多时候越是做"艺术"就越容易拍出一些看似"艺术"其实特别空洞无聊的东西，所以她不喜欢那种拍得特别有作品感的视频，反而喜欢那种拍得特别"路人甲"的东西。

在同年上海天线空间的个展"基本逻辑"中，关小首次展出了一组调色板雕塑作品，六件作品都以感觉和色彩命名，分别是《忧伤红》（Sad Red）、《松脆绿》（Crispy Green）、《甜蜜紫》（Honey Purple）、《冷酷棕》（Cold Brown）、《多汁黄》（Juicy Yellow）和《迷雾蓝》（Mist Blue），类似一种介于绘画和雕塑之间的墙面雕塑。她在调色板形状的木板基底上，用补土制作肌理，再用喷漆进行着色。如果说关小的雕塑在她国内第一个个展魔金石空间的"幸存者的狩猎"中不是特别清晰，更像一个概念的话，那么到了国内第二个个展天线空间的"基本逻辑"时，就有了一个十分明确的工作方式。这个展览呈现了她后来创作的四条主要线索：树根雕塑、三屏录像、背景布雕塑、调色板雕塑。

四个个展

2016 年上半年，关小先后在波尔多 CAPC 当代美术馆、伦敦当代艺术中心、巴黎国立网球场现代美术馆做了三个个展，但是她对国立网球场现代美术馆的展览效果不太满意，客观上的原因是美术馆经费有限，半开放的空间和器材局限导致展览效果不是特别理想。尽管如此，关小在法国的两个同名个展"天气预报"（WEATHER FORECAST）中展出了第一件声音作品《如何消失》（How to Disappear）以及受机构委任创作的三屏录像新作《天气预报》。在英国的个展"扁平金属"（FLATTENED METAL）中展出了五件背景布雕塑新作《公共椅子》（Public Chair）、《从单元 3 到单元 7》（From Unit 3 to Unit 7）、《大理石石板》（Marble Floor）、《小鼓》（Little Drum）和《亚马逊黄金》（Amazon Gold），她尝试了一种新的半透明背景布。

就波尔多 CAPC 当代美术馆和巴黎国立网球场现代美术馆展出的三屏录像作品而言，关小一直对文字很感兴趣，同时又觉得把文字融入视觉艺术很难。在录像创作中，她会把影像编辑和旁白写作分开，一般都是先编辑影像后写作旁白。编辑影像的时候是一种特别抽象的状态，完全不是依据文本的逻辑；写作旁白的时候已经看过影像，有一个整体的感觉，但写的却不是对画面的描述。编辑影像与写作旁白的关系像是形容一杯水好喝，可以用图像和影像的方式，也可以用音乐和声音的方式，组成一种更加抽象的语言，都在为一个东西服务，有点儿像一种并列的表述。

就伦敦当代艺术中心展出的五件背景布雕塑而言，与之前的背景布雕塑相比，关小选择的带有网眼的半透明背景布工业味儿更重，更像公共空间中使用的东西。同时每块背景布上都有一些文体风格不同的文字，有的是诗歌式的，有的是新闻式的，有的是日记式的，等等。她尝试在这次的背景布雕塑中构建一种更简单的表达关系，尝试把雕塑仅分成左右两个部分，使之形成一种情景式对话。关小告诉我，2008 年左右有很多国际艺术家在做陈列式的拼贴，他们的东西就是各种元素之间关系直接、清楚，一层一层地放在那里。但是她又不想让自己的作品看起来太像陈列，因为她的重点更偏向于将各种元素集结在一起之后的新形式，所以还是会在造型、色彩和结构上仔细设计和推敲。

2016 年上半年三个个展中的三屏录像新作和五件背景布雕塑新作一起在上海 chiK11 美术馆的双个展"关小：弹性睡眠"（GUAN XIAO：ELASTIC SLEEP）和"尼尔·贝卢法：软·见"（NEÏL BELOUFA：SOFT[A]WARE）中展出，同时展出的还有前一年展出的十屏录像装置作品和新做的一组六件调色板雕塑作品（2015 年展出的是银色和六种色彩的浅色调渐变，2016 年展出的是六对相近色的深色调渐变），因此可以说是最近两年四条线索在全新大空间的一次比较集中的展出。

政治讽刺与农业科幻

2017 年，关小在 Kraupa-Tuskany Zeidler 画廊的第二次个展"活着的科幻，在红色的星星下"（LIVING SCI-FI：UNDER THE RED STARS）中呈现了雕塑中的两种新类型：一种是墙面雕塑《环尾狐猴》（Callimico）和《美冠鹦鹉》（Cockatoo），另一种则是模拟角色的柱状雕塑《竹子》（Bamboo）和《蹦极》（Bungee）。在做后两件作品时，关小联想到的是一些电影角色，比如《杀死比尔》中刘玉玲扮演的石井尾莲，同时用摩托车把手比喻了弓箭。四年以来，在德国的几个展览中断断续续出现的每一个树根雕塑的姿态总让她感觉那是一些不同的角色，这种想法延续到后来波恩美术馆的"产品养殖"中，并在天线空间的"8 个故事"中变得更加直接和确定。除此之外，《登革热，登革热，登革热》（Dengue，Dengue，Dengue）呈现了一种带有强烈政治讽刺风格的三屏录像新类型。"登革热"是一种热带传染病。当看到镜头中一架很大很大的飞机轰鸣着从咩咩叫的羊群上面飞过时，关小觉得有一种特别强烈的冲击性和破坏性，就像我们这个世界荒唐的社会现实。从《大卫》开始，关小每次上网寻找素材，都会发现各种各样特别荒诞、黑色幽默、让人哭笑不得的行为。她把这些东西混剪到一块儿，自然而然就产生了下一个镜头、下一个章节和下一件作品。关小的工作方法是按照年份为各种素材建档，而且一般来说不会在同类素材选择中过分较真儿。当然，有一些点睛的素材是偶然得到的，她认为这是一种命运使然。比如《天气预报》中有一段美国某新闻节目的片段，一个人在铁轨上跑，行驶中的火车就在她身后跑，同时主持人的旁白正在讲述这一车祸。关小告诉我，她喜欢（曾经的）油管（YouTube），喜欢它的浏览方式和观众随意的记录性质，不像很多视频网站和 APP 有过度的数据推送和夸张的作秀意图，因此把其中的素材放到自己的作品中就更舒服、更优雅、更有味道、更有质感。

对关小而言，2019 年初波恩美术馆的"产品养殖"是一个对自己帮助特别大的个展。在此之前的一整年她都在为这个展览工作，最终展出了六件树根雕塑、六件悬挂柱状雕塑、两件大型背景布雕塑、三件窗户雕塑以及一件美术馆特别委任的三屏录像。关小觉得，通过这个个展她学到了很多东西，因为只有量到了一定程度之后，很多东西才能变得特别清楚，并因此产生质的飞跃。通过这次个展，她对很多工作的很多层面的认识变得更加具体了，比如工作依据、工作方式、制作工艺、现成品的摆放、大空间的展陈，等等。关于"产品养殖"的主题，关小的解释是当时喜欢农业、采集和养殖这些概念。最初美术馆委任她为这个个展做一件录像，她希望这件作品有些倾向科幻的主题，但不是那种通常所谓的科技科幻，而是一种对未来的幻想。如果科技不是我们的未来，那么什么是我们的未来？也许农业才是最科幻、最未来的。关小从农业和未来的关系入手，但是做着做着就发现这个概念不够抽象，也不适合直接编辑下载素材的工作方式，因此调整了录像的概念框架，把农业这个概念扩大，抽象成与一种与大地和生命的关系，三屏录像作品《平凡一日》（Just a Normal Day）就是这一思考的结果。以此为基础，关小更进一步，把自己做雕塑作品的过程比喻为一种"产品养殖"，其中两件大型背景布雕塑就直接以《纪录片－农业的故事：采集》和《纪录片－农业的故事：养殖》命名，三件窗户造型的雕塑虽然是新作，但基本观念与背景布雕塑类似。除此之外，值得注意的是她拓展了2013年《核样》的概念并出现了带有极简主义色彩的悬挂雕塑系列《那些我难以忘记的事物》（Things I Couldn't Forget）。这一系列中的造型元素来自关小在网上看到的文物图片，它们的实际尺寸特别小，但是在网站上看到的图片已经被放大了五倍、十倍。当这些造型元素作为雕塑的一部分在展览现场被放大到一百倍、二百倍的时候，就变成了一种因背景缺失而产生的特别抽象的东西。面对这类自身造型非常完整、很难与其他东西结合的古代文物，关小想来想去，最简单直接的工作方式就是制造一种冲击和破坏，她用一根金属管子将其穿过，然后配上一点点现成品，使之呈现出一种包豪斯之物与历史之物相互碰撞的感觉。

作为2019年波恩美术馆个展"产品养殖"的延续，2020年天线空间个展"8个故事"展出了七件柱状雕塑和一件拟人树根雕塑装置以及八件调色板雕塑。新的八件调色板雕塑《喘息、潮红、泥土》（Gasp，Flushing，Dirt）、《露、萤、日子》（Dew，Firefly，Days）、《奔跑、擦伤、尘土》（Run，Bruise，Dust）、《刀片、月蚀、湖》（Blade，Eclipses，Lake）、《舌头、木塞、雾》（Tongue，Cork，Fog）、《芝麻、锁孔、晚霞》（Sesame，Keyhole，Sunset）、《红色、蜡烛、红色蜡烛》（Red，Candle，Red Candle）没有用原来的渐变喷色，而是以绘画的方式创作，画面稀薄、透明，追求一次成型的痕迹；七件柱状雕塑

《榛子》（Hazel）、《捕手》（Catcher）、《信使》（Messenger）、《游童》（Game Boy）、《更夫》（Night Watcher）、《暴风骑手》（Storm Rider）、《爱抚师》（Petting-er）都以角色为出发点，每个雕塑都有一个不同的故事作为角色背景，并且加入了陶瓷的元素；在树根雕塑装置《Lulubird走出熟食店的时候撞进一群嗡嗡声》（Lulubird Walked out of Delicatessen Bumped into a Swarm of Buzzing）中，关小追求雕塑中各个部分之间的复杂、矛盾、冲突和破坏的意图越来越走向确定。

主要个展

2020
- "8 个故事"，2020 年 5 月 16 日—2020 年 7 月 12 日，天线空间，上海
- "陈列扩展"，2020 年 3 月 10 日—2020 年 5 月 9 日，Kraupa-Tuskany Zeidler 画廊，柏林，德国

2019
- "产品养殖"，2019 年 2 月 2 日—2019 年 4 月 28 日，波恩美术馆，波恩，德国
- "小说档案项目"，2019 年 1 月 18 日—2019 年 4 月 21 日，圣路易斯当代美术馆，圣路易斯，美国

2018
- "个性已完全消失，唯有痕迹成为回忆纠缠在意识深处"，2018 年 9 月 2 日—2018 年 10 月 21 日，温特图尔市立美术馆，温特图尔，瑞士

2017
- "活着的科幻，在红色的星星下"，2017 年 4 月 29 日—2017 年 7 月 1 日，Kraupa-Tuskany Zeidler 画廊，柏林，德国
- "空气清新剂，喷"[瑞士巴塞尔艺博会 Statements（陈述）单元]，2017 年 6 月 15 日—2017 年 6 月 18 日，巴塞尔，瑞士

2016
- "关小：弹性睡眠"，2016 年 11 月 9 日—2016 年 12 月 8 日，chiK11 美术馆，上海
- "扁平金属"，2016 年 4 月 20 日—2016 年 6 月 19 日，伦敦当代艺术中心，伦敦，英国
- "天气预报"，2016 年 3 月 10 日—2016 年 5 月 15 日，CAPC 当代美术馆，波尔多，法国；2016 年 6 月 7 日—2016 年 9 月 25 日，国立网球场现代美术馆，巴黎，法国

2015
- "基本逻辑"，2015 年 10 月 9 日—2015 年 11 月 27 日，天线空间，上海
- "外星人的节奏"[香港巴塞尔艺博会 Discoveries（发现）单元，与 Katja Novits-kova（卡佳·诺维茨科娃）双个展项目]，2015 年 3 月 15 日—2015 年 3 月 17 日，香港

2014
- "一些事情发生了就像从未发生"，2014 年 9 月 17 日—2014 年 11 月 17 日，Kraupa-Tuskany Zeidler 画廊，柏林，德国
- "一些事情发生了继续发生"，2014 年 9 月 18 日—2014 年 9 月 21 日，ABC 柏林当代艺术博览会（天线空间与 Kraupa-Tuskany Zeidler 画廊合作展位），柏林，德国

2013
- "幸存者的狩猎"，2013 年 1 月 12 日—2013 年 3 月 12 日，魔金石空间，北京

主要群展

2020
- "科隆雕塑 10：超自然 - 自然接管"，科隆雕塑公园，科隆，德国
- "终端 >_HOW DO WE BEGIN？"，X 美术馆，北京

- "变形超速"，圣加仑美术馆，圣加仑，瑞士

2019

- "第 14 届费尔巴赫三年展"，费尔巴赫，德国
- "In a World Where Immortality Is the Norm, the Future Is My Future"（在一个不朽是常态的世界里，未来就是我的未来），Galeria Duarte Sequeira（画廊），布拉加，葡萄牙
- "On Repeat"（不断重复），Grundy Art Gallery（古伦蒂美术馆），布莱克浦，英国
- "To Make Wrong / Right / Now"（制造错误/正确/现在），檀香山双年展，John Young Museum of Art（约翰·杨艺术博物馆），火奴鲁鲁，美国
- "制造未来：一个关于后网络女权主义的展览"，Migros Museum（米格罗斯博物馆），苏黎世，瑞士

2018

- "Transantiquity"，Galeria Municipal Do Porto（波尔图画廊），波尔图，葡萄牙
- "诚如所思：加速的未来"（第六届广州三年展），广东美术馆，广州
- "兴起：中国当代艺术中的女性声音"，HOME，曼彻斯特，英国
- "指南针：复星基金会中葡当代艺术大展"，复星艺术中心，上海
- "Paradise"（天堂），Westport Arts Center（西港艺术中心），康涅狄格州，美国
- "Ascending from the Liquid Horizon"（从液态地平线上升），Le Lieu Unique（当代文化中心），南特，法国

2017

- "鹦鹉螺"，Marsèlleria（画廊），米兰，意大利
- "美洲虎和电鳗"，Julia Stoschek Collection（尤莉娅·斯托舍克收藏），柏林，德国
- "临时未来学院"，M HKA 当代艺术博物馆，安特卫普，比利时
- "艺术万岁"，第 57 届威尼斯双年展，威尼斯，意大利
- "突变"，高线公园，纽约，美国
- "Boros Collection / Bunker #3"（博罗斯收藏 / 地堡 #3），地堡，柏林，德国
- "Hybrid Layers"（混合层），ZKM（卡尔斯鲁厄艺术与媒体中心），卡尔斯鲁厄，德国

2016

- "变装的当下"（第 9 届柏林双年展），柏林，德国
- "她们：国际女性艺术特展"，龙美术馆（西岸馆），上海
- "超—距—联—接"，莫斯科现代艺术博物馆，莫斯科
- "我们：一个关于中国当代艺术家的力量"，chiK11，上海
- "TUTORIALS-Moving Images and Instructions for Use from China"（教程：来自中国的运动图像和使用说明），皮诺帕斯卡里博物馆，波利尼亚诺，意大利
- "全球：新感观"，ZKM，卡尔斯鲁厄，德国
- "我们的未来"，红砖美术馆，北京
- "万花筒：优美瞬间"，牛津现代艺术馆 50 周年纪念展，牛津，英国
- "情感供应链"，Zabludowicz Collection（扎布罗多维克茨收藏），伦敦，英国

2015

- "青年的尺度：2015 年度'华宇青年奖'入围群展"，三亚
- "HUGO BOSS 亚洲新锐艺术家大奖 2015"，外滩美术馆，上海
- "走进亚洲：基于时间艺术节"，皇后美术馆，纽约，美国
- "第 13 届里昂双年展：现代生活"，里昂，法国
- "新美术馆三年展：环绕观者"，纽约，美国
- "从诗歌到日落"，Daimler Contemporary Berlin（柏林戴姆勒当代美术馆），德国
- "稀土"，提森·波涅米萨当代美术馆，维也纳，奥地利

2014

- "相信是空无一物"，天线空间，上海
- "八种可能路径艺术在北京"，Uferhallen（艺术区），柏林，德国
- "难道你不知道我是谁？身份政治之后的艺术"，安特卫普当代艺术博物馆，安特卫普，比利时
- "光影现场"（香港巴塞尔艺博会），香港艺术中心 agnès b.（影院），香港

2013

- "第？代：青年艺术家作品展"，OCT 上海馆，上海
- "差异引擎"，魔金石空间，北京
- "天线空间上海开幕展"，天线空间，上海
- "素描·表达与限度：AMNUA 素描系列展"，南京艺术学院美术馆，南京
- "被解放的影像"，艾可画廊，上海

2012

- "日落真空插头"，泰康空间，北京
- "偶然的信息：艺术不是一个体系也不是一个世界"（第 7 届深圳雕塑双年展），OCT 当代艺术中心，深圳
- "盲区"，杨画廊，北京

2011

- "瑞居艺术计划"，瑞居酒店 & 北京当代唐人艺术中心，北京
- "+ 关注"，上海当代艺术馆，上海

陈轴

建构悖论，解构荒唐

天气状况	阴 / 暴雨
气　　温	27℃ /21℃
风力风向	西北风 1~2 级 / 西北风 1~2 级
采访时间	2020 年 9 月 16 日，星期三，11：00—14：00
采访地点	今日东苑，上海市崇明区城桥镇清柏路 601 弄

陈轴在崇明岛生活、工作，有点儿离群索居的意思。我去上海找他，从 M50 创意园附近的酒店到他的工作室，乘坐公共交通工具整整走了三个小时，早上出发，中午见面。幸运的是，前一天、后一天都下雨，唯独我们见面的那一天没有下雨。路上我又看了一遍《模仿生活》，之后在一个几乎没有装修的居民楼里，陈轴和他刚刚收养的小狗"芝麻"一起迎接了我。

懂与不懂

　　陈轴喜欢跟随自己对未来方向的预感去做事。2019 年前后他把市区的房子退掉，搬来崇明岛，准备找一个宅基地做工作室。他在居民楼里租了一个临时工作室，然后开车回了趟老家，回来之后疫情就来了，好像冥冥中一切准备就绪之后就被定在这里了。人生中第一次体会到面对灾难的感受，他觉得疫情的能量太大了，到了特别焦灼的时刻，他甚至哭了。那段时间他一直在听大宝法王的法会，同时画点画，整体而言状态还行。疫情好转之后，陈轴从中体会到挺多特别积极的东西。他对疫情的解读是：它像一股没有正负之分的能量，当它冲向负面的时候似乎也把正面的东西给打开了，所有人因此进行了一次集体闭关，经历断片和失忆之后的世界变得特别不真实，好像进入了另外一种真实的维度。

　　对陈轴而言，一个最大的变化就是突然想去做一些"懂"的东西。在之前的创作中，他更倾向于在"不懂"的层面里去做东西，不断地进入到个人化的语言和状态中去，逐渐生长，越来越复杂，越来越个人化。比如疫情期间一直在剪的一个片子《山神日志》（Mountain God Diary），那是 2019 年受朋友埃里克（Eric）的"离岸"计划（OFF SHORE，由富源和韩馨逸策划）之邀在马来西亚金之岛（Dinawan Island）驻留期间拍的一个在语言实验上最肆无忌惮的一个作品。他和另外三位创作者（于尧，郑浩中，taki）一同前前后后去了三次，花了一个月的时间拍了三章的素材，分别是《见非》（Illusion）、《梦见见梦》（See the Dream in Dream）和

《未来去过》（The Future Had Been），由于完全没有约束，只有一个非常大概的预设，所以整个过程是在一种即兴的状态中完成的。陈轴觉得，这是他语言探索中最感性的一件作品，甚至自己都不知道它是个什么东西，彻底进入了一种所谓"空"的境界。有朋友说，他的作品就像一个偏僻山区里一条深巷中的一家店，想要找到这个地方很不容易。因为疫情这件事，陈轴意识到艺术圈生态、画廊体系或者说整个当代艺术的体系即将经历一次经济的洗刷，尤其是在艺术圈中会有一种过于无力的感受，然后会对这一机构系统的生命力产生一个非常大的质疑。当资本的面纱从机构系统中被撕开的时候，里面可能竟然是一具白骨，这是大家的一个普遍感受。陈轴觉得应该走向一个更大的层面和基数去创作，当然想要从这种机构系统的语境中跳出来其实并不容易。

2019年，陈轴作为演员主演了朋友的两部电影，其中一个是郑陆心源导演的《她房间里的云》（The Cloud in Her Room），这部电影后来在鹿特丹国际电影节拿了金虎奖。有一天郑陆心源来陈轴工作室补录一个声音，俩人因此聊了起来。陈轴的困惑是想拍电影，但是感觉总是进入不了电影圈，摸不着电影圈的入口在哪，甚至电影批评家对自己作品的理解很多都是误读。郑陆心源引用了一段他人的理论解释说，电影的确是分级的，最下面一层是商业电影，所有观众都能懂，你越懂商业电影就越能从你口袋里把门票钱挣走；往上一层是文艺电影，百分之七十能懂，百分之三十不能懂，但普通观众还是可以看的；最上面一层是艺术电影，从故事本身到讲故事的顺序和方法可能都是令人费解的，普通观众看完可能就是一头雾水。国内电影基本只有商业电影和文艺电影两种土壤，所以尽管仍然是围绕故事展开的，但是由于属于艺术电影，陈轴的电影只能被艺术圈和美术馆接受。这种解释让陈轴豁然开朗，因此对曾经崇拜让－吕克·戈达尔（Jean-Luc Godard）语言实验的他来说，《山神日志》

就是一个极端和节点。

观自在

2020 年初，陈轴完成了一个文本创作，一个由十个章节组成的连载小说，他打算用一年时间在十个不同的艺术机构完成小说的展览。疫情暴发之后，他觉得好像没有办法在这个语境中去实施这个项目，因为连载小说是关于自己对艺术本体的理解，小说内容就是一条艺术圈的假新闻引起了艺术圈和社会的一系列连锁反应这样一件事。但疫情之后，他想去做一些更切身和面对当下可以表达的东西，简单地说就是自己在创作中反复体现的一个价值：观自在。陈轴认为观自在这件事很重要，比如当我们陷入一种极大的情绪中时，如果可以观自在，就可以看到自己身处这样一种情绪能量之中，我们会发现自己像一个电影或游戏中的角色一样存在，正在经历着一个戏剧性的片段。这种东西像光、像一种清醒的觉照，让人不至于发疯或者被某种情绪带到一个死胡同里。基于这种考虑，陈轴希望在创作中制造一面镜子，把行为表演转化成一种简单的语言，就是自己坐在那照镜子，但是带着一个面具，而且面具的眼睛部分被遮蔽起来，形成一个小小的悖论：一个瞎子在照镜子。陈轴喜欢在作品中建构悖论，他觉得悖论是语言自我毁灭的炸弹，是语言的边界和循环，一旦发现其中有一个合理存在的 bug（错误），就可以再往内部走一层，去观去看更多的东西。因此，新方案表达的实际上是内部的镜子，或者说一个照镜子的 Logo 和图像，陈轴希望大家在现场的时候会被悖论捕获，就像背景中突然崩开了一道裂缝的"理想的花瓶"。那个没有实施的连载小说源于这样一个故事：一个美术馆里有一个珍藏的据说来自佛陀的花瓶，一天它被一个从外太空飞来的苹果砸碎了，然后引起了艺术界的一场轩然大波，因为美术馆宣布这个瓶子里面装着艺术本身，现在被砸碎了，艺术跑出来了，大家只见过艺术品，谁也没见过真正的艺术是什么东西。所以这些意象和这些秘密的比喻——包括一只苹果——都在现场被陈列出来，但实际上有一个巨大的隐藏的文本并没有被发表出来。

2020 年全国疫情好转之后，陈轴以"镜子不久后将在世界上消失"（THE MIRROR WILL SOON DISAPPEAR IN THE WORLD）为新项目的总主题先后在上海 Cc 基金会 & 艺术中心的个展和北京"第一届 X 美术馆三年展：终端 >_HOW DO WE BEGIN？"实施了新方案的第一章《镜子里的假象让我看不清镜子》（The Illusion in the Mirror Makes Me Hardly See the Mirror）和第二章《博伊斯手里那只听懂了艺术的兔子》（The Hare Who Understood Art in Beuys' Arms）。在第一章中，陈轴以红色作为剧场的基调，然后用一块蓝色背景上悬挂了一面镜子的装置将新作品和以黄色为基调的 2013 年在魔金石空间的个展"I'm Not Not Not Chen Zhou"（我非非非陈轴）中的同名影像作品连接起来。对陈轴而言，红色是最近来到他生命中的色彩。2018 年初，他发了一条新年微博"我想要进入这个世界了"；2019 年底，他在西安的一个舞池中突然觉得需要一些能量，一些能够帮助他进入这个世界的红色能量。因此，从 2013 年左右愉悦、欢快的"黄"到 2017 年前后孤独、静谧的"蓝"再到 2020 年开始积极的、能量的"红"代表了他不同时期的生命状态，也形成了他艺术创作的一条色彩线索。

精神性

陈轴自 2013 年起开始接触藏传佛教思想，尤其是邱阳创巴仁波切这个人深深地影响了他。在 2019 年与朋友去过一次西藏、见过一次特别想见的师父之后，他开始持咒，最密集的时候三个月里持了十一万遍咒。这些影响自然而然地体现在他 2017 年的个展"平静，7"（STAYED, 7）中，在此之前，"隐居"之后的蓝色绘画和藏传佛教思想的影响是他没有公开发表和讨论过的。陈轴告诉我，拾萬空间那样一个藏在798艺术区深巷中极具仪式感的小画廊和艺术总监焦雪雁直爽的性格都让他非常喜欢，因此有了那样一次合作。在展出的八件（组）绘画作品、八件（组）瓷器装置和两件影像作品中，陈轴没有表达太多自己的观点，而是原原本本地呈现了一种"浑水静置"的微小体验。比如在展厅中直接引用佛经，把关于佛像的绘画和雕塑作品展示出来，在"宝塔瓶"上刻下自己所持的《莲花生大士心咒》，以骨头贯穿始终，等等。

"宝塔瓶"源于一种曾在三国两晋时期长江中下游地区流行的明器（冥器）"魂瓶"。第一次听到见到，陈轴就被这种随葬器物的名字、形状以及概念深深震撼了，他希望经过重新设计、制作并与水晶球、盆景、佛珠、硬盘、光盘、打印机并置，把这种震撼呈现出来，使之成为一种精神性符号。在展出的蓝色绘画中，除两组铝板丙烯的《平静》（Stayed）系列和两件纸本铅笔的《蓝色悖论》（Blue Paradox）系列之外，还有四幅以废墟为主题的数字绘画属于《建设性模糊》（Constructive ambiguity）系列，陈轴觉得"建设性模糊"这一外交辞令表达的概念挺有意思，挺像自己的创作方法，比如搭积木，我们按照一种完美的逻辑去构建一个房子，但是构建的却是一个未知的、模糊的结果。他最喜欢的一种文学类型就是可以制造喜悦的荒诞剧，不是挠胳肢窝的那种嬉笑，而是登山登到山顶豁然开朗的那种喜悦，或者解开一道难解的数学题的那种喜悦。影像作品《活生》（Alive Game）和《在梦》（In Dream）分别完成于2017年和2018年。前一个片子在新西兰完成，一对百年前的灵魂在一个墓园中讨论活着的感觉，一个接受采访的年轻人被问起什么是记忆；后一个片子由陈轴和儿子共同出演，一个灵魂在山中给一具骷髅拍照，一个婴儿在山中沉睡。两部作品讨论的都是与灵魂、生死有关的话题。因此与以往对现实的表达不同，"平静，7"是艺术家的第一次精神性呈现。

与《活生》和《在梦》主题类似，但没有在"平静，7"中展出的另一件影像作品是《信号中的鬼魂》（SIGhostNAL），那是陈轴受金杜艺术中心和 NOWNESS 现在之邀为艺术家阿马利娅·乌尔曼（Amalia Ulman）在中国的首个个展"优越"（PRIVILEGE）专门制作的一部短片。他创造了"SIGhostNAL"一词，描述人的"身体"（图像）仿佛灵魂在虚拟世界的各个港口中漂泊以及由此产生的时空与生死的混乱。乌尔曼因在照片墙（Instargram）扮演网红女孩的作品《卓越与完美》（Excellences & Perfections）而一战成名。对陈轴来说，乌尔曼是一个聪明、美丽、既懂得掌握节奏又能够愉快生活的女性传奇，拍摄这部短片最大的收获就是认识了这样一位艺术家朋友。在此之后他们身份互换，陈轴出演了乌尔曼新电影中的一个配角，一个渣男。

创作型纪录片

艺术圈的车轮转得太快，身处其中就有一种被卷入的感觉。2014 年陈轴在艾可画廊做完个展"考夫曼：九个笑话"（KAUFMAN: 9 JOKES）之后就把家从北京搬到了上海，然后跑到一个特别偏僻的连网络都没有的地方"隐居"了两年，或者说"断片"了两年。2017 年他"重出江湖"，在短片《活生》之后连续完成了两部不太一样的电影《模仿生活》（Life Imitation）和《蓝洞》（Blue Hole），前者在"哥本哈根国际纪录片电影节"获"新视野奖"，在"DMZ 韩国国际纪录片电影节"获"亚洲视点奖"，后者在香港白立方举办了同名个展。两部电影都与他"隐居"期间写的一个长片电影剧本《迷路》（Wandering）有关，讲的是自己以及比自己更年轻一代迷失体验的故事。

《模仿生活》的缘起是《迷路》写完之后，几年没动机器的陈轴想体验一下创作长片的体量，同时也想在实际的维度和层面上去验证一下自己这个剧本有没有自我意淫，自己对这些人、这些事的感受是不是在某种程度上真实存在。有了这一动因，他开始拿起机器拍身边的朋友，一边拍一边剪，然后继续寻找新的线索，最终自然而然地生长出《模仿生活》的模样。《模仿生活》将虚拟游戏与现实生活并置，在不同时空中穿梭漂泊，描述出一个关于社交、性别和科技的复杂世界。陈轴称这部电影为"创作型纪录片"（expanded documentary），原因是这部电影后来参加并获奖的两个电影节都是纪录片电影节。尤其是CPH：DOX（哥本哈根国际纪录片电影节）那样一个欧洲非常重要的电影节对"纪录片"的理解已经完全不是在形式上，而是在概念上，比如一个看起来是剧情电影的电影，其核心概念可能依然是纪录的。比较而言，国内纪录片的语言探索都是非常滞后的，所以最初陈轴拿《模仿生活》投了一圈国内的电影节，结果都是石沉大海。这让他一度对自己这件作品产生了深深的怀疑。终于，半年之后他拿给一位身患抑郁症的朋友看，朋友兴奋的反应让陈轴看到了一点希望，他觉得还是有人能够从中看到一些闪光的价值，于是又拿给审美品位和阅片数量都很到位的朋友谢萌看，谢萌给他推荐了几个国外电影节，让他去试试，结果一试，就都中了。

与大多数纪录片不同的是，陈轴在虚拟游戏中拍摄的一条故事线贯穿了《模仿生活》的始终。在拍摄身边女性朋友诉说她们隐秘生活中那些事儿的时候，陈轴体会到了她们被压抑的情绪和能量。于是他在《侠盗猎车手》的导演模式中设定了一个身穿白领制服、拿着枪的女杀手。女杀手在山顶看完日出来到城市，似乎要去执行一项暴力任务，但是从黎明走到傍晚什么都没发生，只有一种紧张压抑的气氛。最后女杀手来到海边望向大海，海边有晒太阳的人，也有一两具死尸。片尾是从一块蓝色的屏幕到一个人头攒动的蓝色舞池，海浪的声音此起彼伏，陈轴觉得这仿佛就是真实世界的缩影。

　　《蓝洞》的契机是申舶良和戴章伦在尤伦斯当代艺术中心（UCCA）策划的一个群展"寒夜"（COLD NIGHTS），两位策展人邀请陈轴、刘诗园、娜布其、李然四位艺术家根据巴金同名小说中的四位主人公汪文宣、曾树生、汪母、陈奉光进行委任创作。陈轴从《迷路》中摘出了一个片段，经过改编，拍出了短片《蓝洞》。搬到上海之后，陈轴接触了很多像女主角和造型师罗淑茵那样喜欢混搭服装的年轻人，他们出入 The Shelter（庇护所）那样的 club（俱乐部），穿着融合了日本卡通、游戏和中国淘宝小商品的风格，甚至有人总结这种风格为"中华未来主义"。连聊天带猜测，旁观的体验加上自己的体验，陈轴从中感受到一种信息时代的孤独。片尾一只五彩斑斓的电子蝴蝶杯困在了一块蓝色的屏幕中，经过几次试探最终飞了出去，留下蓝屏，画外音重新讲了女主角小时候做的一个恐怖的梦。那是宣宣的梦，也是陈轴的梦。

考夫曼与我

　　如果让陈轴选一个他最喜欢的艺术家，他会选安迪·考夫曼（Andy Kaufman）。考夫曼是 20 世纪 70 年代美国最著名的喜剧明星之一，1984年因肝癌去世，享年 35 岁——他的死是一个谜，有人猜测他的死不过是他的一场不知真假的表演。陈轴觉得最理想的艺术家就是考夫曼这样一个人，他是一个菩萨一般的存在，在用一种特别儿童的方式对这个世界开一些像恶作剧一样的玩笑，让大家不要那么严肃地陷入这个世界的幻觉中。就像宗萨钦哲仁波切说的，任何一个会在你后背轻轻地拍拍你，当你转过身，他会对你悄悄地说"这个世界是一场梦"的那个人就是你的师父。考夫曼就是在做这样的事，比如他会突然拿起一卷厕纸，像发现新大陆一样向大家介绍这是一卷厕纸。2013 年的"I'm Not Not Not

Chen Zhou"和 2014 年的"考夫曼：九个笑话"两个个展都是以黄色为
基调的，二者之间有一些关联，是陈轴创作中除孤独、静谧的线索之外
的另外一条喜剧线索，而且每隔一段时间就会出现，包括他接下来要写
的一个长片电影剧本《咸鱼是钟，钟是咸鱼》。

　　在"考夫曼：九个笑话"中陈轴展出了九件很短很短的录像作品。
第一件是《海边的两个球球》(Two Balls on the Beach)。那年年初的展期
已经确定，陈轴希望赶在开幕之前即兴拍出一组展览作品。当时正好和
一帮朋友在北戴河玩儿，晚上大家在酒店打牌，王芮想穿男友林科的秋
裤，林科觉得不好看、没规矩，俩人因此吵了起来，大家不欢而散。第
二天清晨，陈轴一个人在海边溜达。冬天的北戴河没什么人，特别安静，
也特别舒服，然后他就看见了两个造型特别逗的球，因此突然非常开心。
他开始回忆昨天晚上的事，王芮对林科说的一句话让他特别触动，"我
觉得你们这些艺术家，就是那些认为这个世界上有部分东西不是艺术的
人"。他觉得这就是对艺术家有某种做艺术的执念的一个讽刺，可以成为
个展中的一件作品。第三件是《黄鱼的思考》(The Pondering of the Yellow
Fish)，也是陈轴自己最喜欢的一件，一些朋友看完之后觉得特别禅宗。
他希望个展中画廊老板能够参与一下，然后就直接跑到罗伯托·塞雷西亚
(Roberto Ceresia) 的办公室拍，但不知道要拍什么。闲聊之余，陈轴看
到罗伯托坐着的沙发旁有一个展台，展台上有一个玻璃罩，玻璃罩里面
空空如也。他笑了出来，觉得这简直就是画廊老板的一个完美比喻。画
廊老板是卖艺术的，为什么展台上什么都没有？艺术是什么？画廊老板
卖的又是什么？这样一系列问题自己就出来了。为了制造一些荒诞性，
陈轴更进一步，把罗伯托的领带换成了一条咸鱼。罗伯托念了一段儿时
的顺口溜，抽了一口烟，喝了一口咖啡，然后仿佛沉醉在艺术的氛围里，
当他注意到展台里什么都没有时，就把烟灰缸放在玻璃罩上并弹了一点

烟灰进去，最后说出一句"空是最美妙的"。

"I'm Not Not Not Chen Zhou"前后是陈轴的一个人生低谷时期，他经历了一次特别重大的感情打击，同时开始接触藏传佛教思想，所以整个人处在一种疯疯癫癫的状态中，一边怀疑人生、怀疑艺术圈，一边在对自己的刨根问底中准备个展中的同名录像作品。他把与身边朋友李明、李然、尉洪磊的对话转化成剧本中的对话，然后计划自己和李明来演。没想到的是那一次自导自演的经历非常糟糕，要么不会演，要么不会导，由于展期迫在眉睫，陈轴第一次失语了。第二天，在卢迎华召集的一个讲座之后的饭局上，他感觉自己一句话都说不出来，甚至自己的状态让大家都觉得非常尴尬。他一个人离开饭局四处闲逛的时候，一个身穿白衣、留着长发、不修边幅、半梦半醒的流浪汉引起了他的注意。流浪汉一直在自言自语说着"欺骗"和"邪恶"。聊过一两句之后，流浪汉和陈轴来到片场，演了一个角色。后来陈轴知道，这个人本来的名字叫"魏选中"，自己给自己起的名字叫"无名"，曾受过一次特别深的情伤，之后就一直走不出来，并因此对世界不信任，觉得所有男女关系都是欺骗和邪恶，而自己则需要像天使一样，身穿白衣。在陈轴眼中，魏选中就是一个矛盾的混合体，因此后来又在"考夫曼：九个笑话"中演了一件作品《屎》(Shit)。除了魏选中的角色之外，陈轴找了一对双胞胎来演他和三位好友的对话，算是一个替代方案。他告诉我，正是他和李明的那段关于带苹果Logo的一次性打火机到底是谁给谁做广告的对话成了李明后来一次性打火机和苹果手机系列作品的根源。那段对话其实是用一种特别通俗的语言在讲一个相对比较极致的话题，之后就进入了魏选中像盲人摸象一样触摸电视的情节，电视屏幕上出现了具有神性的苹果Logo。那一章的标题是《LOGOS》，画外音谈的是"罗格斯中心主义"和边界问题，爱因斯坦也谈过这个问题，就是说我们对世界的认知是基于我们的理论，我们有多少理论就有多少边界。

现在回忆，"隐居"之前，作为一个刚好沉淀了两三年然后出道的年轻艺术家，接到各种展览邀约的机会特别多，经常一两个月之内就得做一件新作品，这让陈轴感觉自己的"三观"还没有成熟到可以应对这个复杂的世界，因此尊重自己的节奏、活好自己的人生成为当时一种特别紧迫的诉求。"重出江湖"之后，新作频频在国际电影节获奖并在香港白立方举办个展，得到自己喜欢的系统的认可，好像突然被抬得很高，但是经过半年时间，兴奋慢慢退去，陈轴发现，生活还是生活，就像大海的能量洗刷，一浪一浪，不过如此，或许事来了就把事做好才是一种真实的状态。

主要个展

2020

- "镜子不久后将在世界上消失（第一章：镜子里的假象让我看不清镜子）"，2020 年 4 月 18 日—2020 年 7 月 12 日，Cc 基金会 & 艺术中心，上海

2019

- "平静，7"，2019 年 11 月 2 日—2019 年 12 月 15 日，拾萬空间，北京

2018

- "蓝洞"，2018 年 7 月 18 日—2018 年 8 月 25 日，白立方，香港

2014

- "考夫曼：九个笑话"，2014 年 3 月 29 日—2014 年 5 月 5 日，艾可画廊，上海

2013

- "I'm Not Not Not Chen Zhou"，2013 年 4 月 17 日—2013 年 6 月 16 日，魔金石空间，北京

主要群展

2021

- "(Into and) Out of This World" [（进和）出这个世界]，Arcway Nightlands Connector（艺术机构），哥本哈根，丹麦
- "环形撞击：录像二十一"，OCAT 上海馆，上海
- "于吉：即兴判断 II（西岸美术馆与蓬皮杜中心五年展陈合作项目）"，西岸美术馆，上海

2020

- "2020 天才计划"，NOWNESS 现在，上海
- "第一届 X 美术馆三年展：终端 >_HOW DO WE BEGIN？"，X 美术馆，北京

2019

- "自由棱镜，录像的浪潮"，华侨城盒子美术馆，佛山
- "可善的陌生：UNArt 艺术中心首展"，UNArt 艺术中心，上海
- "重蹈现实：来自王兵的影像收藏"，OCAT 上海馆，上海
- "Age of You"（你的时代），多伦多当代艺术博物馆，多伦多，加拿大
- "Glow Like That"（像那样发光），K11 购物艺术馆（维多利亚港空间），香港

2018

- "Emerald City"（翡翠城），K11 购物艺术馆，香港
- "离线浏览：第六届台湾国际录像艺术展"，凤甲美术馆，台北（放映）

2017

- "时间的狂喜：重塑认知的媒介"，何香凝美术馆，深圳
- "寒夜"，尤伦斯当代艺术中心，北京
- "光影的解析"，Christian Louboutin SLT Gallery（克里斯提·鲁布托SLT画廊），北京
- "模仿生活"，Beursschouwburg 艺术中心，布鲁塞尔（放映），比利时

- "第二届亚洲录像艺术与电影论坛"，首尔国立当代美术馆，首尔，韩国
- "生肉笔记：第二回"，上午艺术空间，上海
- "我们之后"，chiK11 美术馆，上海

2014
- "香港巴塞尔：光映现场"，香港会议展览中心，香港
- "Festival ASVOFF7"（第七届 ASVOFF 时尚电影节），蓬皮杜艺术中心，巴黎，法国

2013
- "第? 代：青年艺术家作品展"，OCAT 上海馆，上海
- "我不在美学的进程里：再谈行为"，星空间，北京
- "EXIN 亚洲实验电影与录像艺术论坛：中国大陆板块北京展映"，元典美术馆，北京
- "MY DEAR，YOU SHOULDN'T BELIEVE IN FAIRYTALES"（亲爱的，你不应该相信童话），2P Contemporary Art Gallery（2P 当代艺术画廊），香港
- "ON | OFF：中国年轻艺术家的观念与实践"，尤伦斯当代艺术中心，北京
- "中华廿八人：卢贝尔家族收藏展"，卢贝尔迈阿密画廊，迈阿密，美国
- "第十届中国独立影像年度展"，南京 / 厦门
- "Festival ASVOFF6"（第六届 ASVOFF 时尚电影节），蓬皮杜艺术中心，巴黎，法国

2012
- "中产阶级拘谨的魅力：当代华人观点"，易雅居当代空间馆，台北
- "直到世界尽头"，北京当代唐人艺术中心，北京
- "2012 关注未来艺术英才计划入围展"，今日美术馆，北京
- "未完成的国度：来自中国的新录像"，休斯敦当代美术馆，休斯敦，美国
- "第七届深圳雕塑双年展 – 偶然的信息：艺术不是一个体系，也不是一个世界"，OCAT 深圳馆，深圳
- "中国影像艺术1988—2011"，路吉·佩吉当代艺术中心，普拉托，意大利
- "中国青年艺术家当代艺术展"，外滩 18 号画廊，上海

2011
- "XXX：下一个十年的当代艺术"，今日美术馆，北京
- "瑞居艺术计划"，瑞居酒店，北京
- "A4 青年艺术家实验季：第三回展"，A4 当代艺术中心，成都
- "小运动：当代艺术中的自我实践"，OCAT 深圳馆，深圳
- "个人的即公共的"，艾可画廊，上海
- "录像艺术在中国：MADATAC 新媒体艺术节"，Reina Sofia（索菲亚王妃）美术馆，马德里，西班牙
- "完美世界"，Meulensteen（画廊），纽约，美国

个人网站
chenzhoustudio.com

蒋竹韵

是用户，也是生产者

天气状况	多云 / 多云
气　温	38℃ /27℃
风力风向	东南风 3~4 级 / 东南风 3~4 级
采访时间	2020 年 8 月 18 日，星期二，14：00—16：00
采访地点	BERNINI（贝尼尼），杭州市南山路 206 号（中国美术学院旁）

为采访蒋竹韵，我专门去了一趟杭州。盛夏的杭州既炎热又潮湿，从河坊街走到中国美术学院南山校区大约需要半个小时，大街小巷已经没人戴口罩。下午我在咖啡馆见到了蒋竹韵，听说我曾在一所女子大学工作，他立刻聊起了女权主义。他说因为太太是位女权主义者，他只能成为她的战友，而且他从她那里学到了很多东西，所以他自己也是一位女权主义者。

蜂巢

疫情刚刚好转之际，尤伦斯当代艺术中心 2020 年的第一个展览"紧急中的沉思"（MEDITATIONS IN AN EMERGENCY）开幕，蒋竹韵参展的作品是《蜂巢：展期内的不完全进程显示》（Hive：Incomplete Process Display during Extension），这件作品脱胎于 2017 年"西岸艺术与设计博览会"的个人项目"系统生存"（SURVIVAL IN SYSTEMS）中的一件作品《空巢》（Vacancy）。在"系统生存"的项目语境中，十组蜂巢和蜂箱是控制论中的某种所指——在筑巢者和维护者不在场的情况下，观看者如何成为系统的介入者。"紧急中的沉思"的六位年轻策展人之一张南昭觉得"蜂巢"的意象很好，希望在尤伦斯当代艺术中心再次呈现这件作品。但是蒋竹韵认为原封不动地再次呈现并不合适，因为在展览单元"超越动物性"语境中随意摆放的蜂巢和蜂箱太容易让人联想到当时的社会新闻《养蜂人在春天离去》。这种直接的展示动机和简单的能指是他警惕和希望回避的，因此最后提交的是比较具有动态性的方案并与正在发生的事情有关。他再次联系了三年前向他提供蜂巢和蜂箱的那个蜂农。蜂农在湖北老家，由于疫情没有按照计划出行，随着疫情好转，蜂农从老家襄阳出发，前往陕西商洛和河南南召，最后回到湖北襄阳。蒋竹韵觉得，蜂农的这一路线行程和蜜蜂在当地采什么样的花是一个有趣的点，于是他租用了十个蜂箱在展厅一字排开，将蜂农从不同地点先后寄来的蜂巢一个一个放入蜂箱，组成一个进程条。由于中途遇到洪水，蜂农不得不从陕西返回湖北，因此在收到两个蜂巢之后进程条就停在了那个位置。

不久之前，蒋竹韵在微信朋友圈展示了一张从德国寄来的网购唱片，那是他疫情之前下的单，收到唱片时已经过去了六个月。有趣的是，在整个过程中，每隔一段时间卖家就会给他写邮件，告知唱片到了哪里，海关如何如何，收唱片的进程条就像收蜂巢的进程条一样。蒋竹韵的作品产量不高，《蜂巢：展期内的不完全进程显示》算是回应疫情的一件新作品。对20世纪80年代中期出生的他来说，面对三十多年的经济高速发展和全球化，好像一直特别乐观，这是第一次面临一个重大的公共事件。疫情最严重的时候蒋竹韵非常焦虑，有一种被深深卷入其中的感觉，自此开始的一段时间他希望好好想想之后的五年应该怎么去做，是延续现在的方法和态度，还是在反思中进行调整。

最近五年，蒋竹韵的创作处于一种倒置的状态，具体来说就是把展览当作艺术创作，在家里做音乐的时候更像职业画家，所以只要有展览他都尽量去做新作品，而且是在很短的时间里结合空间去做所谓"地点特定性"（site-specific）的新项目。这种倒置的工作方式让展览不多的年轻艺术家太太有时嘲讽、批评他，有时又很羡慕他。每当这时，蒋竹韵都会反思自己的展览频率太高可能会导致重复，因此即使展出同样的作品他也会尽量尝试以不同的方式呈现。

声音与音乐

尽管在某种程度上说，声音是作为一种反视觉或者反以往视觉美学的东西出现在当代艺术领域中的，但是蒋竹韵觉得自己反而是因为关注视觉艺术的发展才会去关注声音的，而且二者之间一定有一种联动性，从来就不是分开的。他在媒体艺术的教学中发现，媒体艺术史中很多理论性和观念性的东西都受到声音和音乐技术的很大影响。更重要的是，在他看来，媒体艺术家与以往的架上绘画和雕塑艺术家的一个根本区别就是前者同时具有两种作者身份：一种是生产者，这一点是毋庸置疑的；另外一种是用户，也可以理解为消费者，因此，新媒体艺术家是生产者，也是用户。蒋竹韵认为，在早期电子音乐发展史上，如果没有技术是不可能出现实验音乐和电子音乐这些东西的，事实可能就是这么唯物。在教学上，他也特别强调新媒体艺术家作为一个生产者的前提应该首先是一个用户，技术不应该被单方面地工具化。技术的背后是文化，甚至是理论，比如为什么很多软件会有一致性（consistency），像视频和音频剪辑软件会有播放、快进、后退的功能，打开一个网页浏览器也会有前进和后退功能，再打开一个新标签页（tag）与多轨的概念类似，这种一致性是蒋竹韵感兴趣的。从这种一致性又可以延伸出一个关于原创性的讨论，就是说今天的创作是否存在真正的原创性？在他看来，这是一个比较悖论化的问题，比如一个比较激进的观点就是罗兰·巴特在《作者之死》中提出的所谓"文本"其实都是从一个很大的数据库（各种文本）中抽取出来的。媒体艺术里很多形式都是关于数据库的，像最早的吉加·维尔托夫（Дзига Вертов）拍摄的《持摄影机的人》（Человек с Киноаппаратом）中大量镜头感觉都是来自导演的数据库，这与声音艺术中如何归类整理大量素材有某种一致性。

与约翰·凯奇（John Cage）的工作类似，皮埃尔·舍费尔（Pierre Schaeffer）在1948年创造了"具体音乐"（musique concrète，也译为"具象音乐"）一词，用来描述那些以来自实验声音的现有收藏为材料的作曲。蒋竹韵硕士研究生的毕业论文就是把舍费尔和美国抽象表现主义代表人物杰克逊·波洛克（Jackson Pollock）放在一起写的。当时，他在尼采的《悲剧的诞生》中看到酒神和太阳神两个形象，就觉得刚好可以映射在这样两个同一时期但是又完全没有关系的人身上，于是决定从表象入手，讨论音乐是如何走向具象、绘画是如何走向抽象，以及二者是如何交织在一起的问题。现在看来，虽然这篇论文存在一些问题，包括对于抽象和具象的理解并不那么准确，但是这篇论文确实是蒋竹韵深入思考新媒体艺术、声音艺术的一个节点。

蒋竹韵觉得自己这一代人在从模拟向数字过渡的阶段成长起来，因此会有一些对模拟设备的情结。他举了一个例子：大导演雷德利·斯科特（Ridley Scott）在 1982 年拍摄了电影《银翼杀手》，又在 1984 年拍摄了苹果公司麦金托什电脑（Macintosh）的电视广告，一个是特别模拟未来的东西，一个是特别现代主义的东西，这是两种完全不同的美学，而这两种美学之间的状态则是他至今非常迷恋的，用他的话说就是一种"乡愁式的进步"。蒋竹韵认为，创新和原创是两个不同的概念，艺术其实没有创新，只有技术有。作为一个媒体艺术家，他势必会与技术有联系，但是这种联系根本不会带来技术创新，反思倒是有可能的，所以他更愿意停留在反思或者说反思带来的问题上。

蒋竹韵告诉我，他会去读早期媒体艺术史，会去看林茨电子艺术节，但是在创作上其实仍然非常感性，仍然有某种浪漫主义的情结在，正如他在个人简介中提到的"以问题机制为导向"。最近两年，他试图处理的一个问题就是自己提出问题的艺术感性与解决问题的技术理性之间的张力，以及作为媒体艺术家是用户（程序员）也是生产者（艺术家）的双重身份之间的张力。这使他有时候会回到一种自问自答的状态中去，以至于很多写评论的好友会对他说："你的东西不好写。"

拾萬空间

拾萬空间是一个很有意思的小画廊，原来在草场地艺术区，现在搬到了 798 艺术区，好像越来越有名了。画廊的背后老板是一支著名的摇滚乐队"万能青年旅店"，艺术总监是湖北美术学院学艺术史出身的焦雪雁。2015 年的一个晚上，焦雪雁给蒋竹韵打电话，说希望能够一起合作，这让正在和朋友小酌的蒋竹韵有点儿摸不着头脑。后来就是焦雪雁和乐队的贝斯手兼词作者姬赓来杭州看他，他觉得这俩人完全不像开画廊的，而且这家画廊似乎有一种非常草根、非常不着调的气息，如果一起合作，应该是一件挺有意思的事。事实证明，蒋竹韵的判断是正确的，拾萬空间给了他很大的自由度，甚至完全是一种支持。也许与学艺术史出身和喜欢喝茶有关，焦雪雁的个性比较奇怪，不太会跟随主流，总会以自己的感觉去判断艺术家。焦雪雁认为，虽然经营一家画廊很难，但拾萬空间的目标其实很简单，只要能够生存下去就可以了，不一定要做大做强。大学毕业之后，蒋竹韵开始学英语、考托福，准备出国留学，但是因为两次不太顺利的经验，最终放弃出国转而读研。从读研到留校，他坦言自己最大的兴趣一直没在艺术上，不是一个"生产者"，而是沉溺数字世界，真的成了一个"用户"，如果不是焦雪雁，他可能不会考虑与画廊合作。

蒋竹韵与拾萬空间的第一次合作是他 2015 年的第一个个人项目"PASS WORD"（口令）。当时，蒋竹韵有一位合作者朱焕杰，他们在网络上认识，后者常常帮助前者解决技术问题。虽然朱焕杰比蒋竹韵小十岁，但是在 IT 界和程序员江湖中其实没有辈分高低之分，只有技术高低之分。在"PASS WORD"中，蒋竹韵和朱焕杰在画廊空间中摆放了很多无线基站，信号辐射整个草场地艺术区。用户通过网站客户端（https: //www.showpassword.net）可以发送任何文字信息和表情符号（emoji）。观众如果在画廊附近使用手机搜索 Wi-Fi，就会发现 Wi-Fi 的名字就是这些信息。所有发送信息的人都是匿名的，不需要任何实名认证，所以这是一个反社交的社交平台。在与拾萬空间第一次合作之前，蒋竹韵一直在帮耿建翌老师做"想象力学实验室"，没有进入一个做个展和个人项目的状态，但也许不太像一个完整作品正是这个作品的有意思之处。

在蒋竹韵看来，2016 年拾萬空间的第二个个展"风中絮语"（I TALK TO THE WIND）是一个比较像个展的展览。马航失事对他的刺激比较大，他很好奇为什么在今天这个信息高度发达的时代一架大飞机会突然之间消失得无影无踪。当然历史上也有类似的事情发生，但是身处同一时代，感受是不一样的，而且关于此事的各种网络谣言强化了这一感受。"风中絮语"讲的就是这个事情。这里的"絮语"不是罗兰·巴特的"絮语"，而是指马航失事这种新闻事件和网络谣言像一阵风一样过去之后就没人理会的特性。展览包括 2005 年的作品《温度的频响》和三件新作品《隔壁老马》（The Horse Next to Door）、《消失的答案》（Disappearing Answer）、《絮语》（Murmur）。《隔壁老马》讨论的是声音的真实性。门背后有两个声音来源，一个是喇叭播放的来自潘帕斯草原的风声，另一个则是活体马的声音。对于喇叭播放的风声，我们无法判断到底是不是来自潘帕斯草原，无法像检索图片一样检索这段风声。同时这匹马与《消失的答案》中放在水箱中的黑匣子发生联系。马比人能听到的声音频率范围更广，因此蒋竹韵猜测也许马能听到黑匣子的高频声音（后来他经过查证知道其实马听不到黑匣子的声音）。另一个小空间中的《絮语》展出的是二十多个失事飞机黑匣子中的声音。展览过程中的两件事比较有意思。一件事是展览一周之后画廊觉得每天租马太贵，同时发现草场地一带有一位大爷经常牵着骡子路过，就问对方是否可以付钱让骡子来画廊上一段时间的班。于是，在征得艺术家同意之后，马就换成了骡子。尽管如此，画廊还是希望通过摄像头之类的东西让观众看到门背后的骡子，不然有点儿不值。另一件事则是画廊被艺术家的水箱淹了两回。第

151

一次是画廊为了节约成本请了一位做鱼缸的师傅来做水箱，结果炸了，第二天的开幕也没开成，大家全都灰头土脸的。第二次画廊请了一位据说更厉害的制作方，但是由于时间还是太仓促，胶没有完全干透就注了水，开幕的前一天晚上水就开始哗哗地漏。蒋竹韵笑称，可能是因为第一个比较像个展的展览在北京，所以有点儿水土不服。回想起来，蒋竹韵之所以愿意与拾萬空间合作，不仅因为这家画廊愿意给艺术家提供玩儿的机会，还有另外一个渊源。他第一次去这家画廊之前刚刚去了天台山的国清寺，那里有他喜欢的唐代诗僧寒山的遗迹，而拾萬空间的英文名字"HUNSAND SPACE"中的"HUNSAND"正是来自寒山的谐音。这种默契让蒋竹韵觉得他和这家画廊在某种层面上是一致的，反过来说也许是因为画廊老板是创作者，所以他和艺术家之间可以有某种共情或者理解。

控制论

　　2017 年前后，蒋竹韵开始对控制论感兴趣。虽然后来控制论莫名其妙地在各个学校里火了起来，好像变成了一股潮流，但是他的兴趣其实来自另外一条线索。这条线索可以追溯至诺伯特·维纳（Norbert Wiener）和约翰·凯奇。2008 年弗雷德·特纳（Fred Turner）出版了一本关于 IT 的书《From Counterculture to Cyberculture》（2013 年的中文版是《数字乌托邦：从反主流文化到赛博文化》），书中提到了约翰·凯奇和当年的很多多媒体艺术活动，还提到了诺伯特·维纳的那本书《控制论：或关于在动物和机器中控制和通信的科学》（Cybernetics：Or the Control and Communication in the Animal and the Machine）。从最初关注声音到后来以数字文化为切入点，蒋竹韵在学习编程的同时也在了解编程背后的数字文化，因此诺伯特·维纳的"控制论"和杰克·伯纳姆（Jack Burnham）的"系统美学"就很自然地进入了他的视野。他从来不想用作品去阐释某个理论，只是想去发现某个理论对自己个人生活的影响。因此，虽然

2017年"西岸艺术与设计博览会"的个人项目"系统生存"完整展示了控制论的三个发展阶段（第一阶段关注一个系统如何通过完整的反馈机制自我调节，并试图维持自身的稳定状态；第二阶段关注如何将对一个系统的观察者介入系统本身的构成中，提出观察者与系统之间相辅相成的关系；第三阶段基于复杂系统的自生机能，关注一个系统如何自发地形成意料之外的行为），但是其中的三件作品仍然是非常个人化的。《这个系统》（The System）是一个伸出的卷尺在旋转力量推动的同时进行自我矫正，形成一个简单的反馈机制；在《一个周期的形成》（The Forming of a Cycle）中，蒋竹韵将带有咖啡渣痕迹的手冲咖啡纸展开，形成一个正弦波，使其在自身周期里形成一个新的周期；《当前独白》（Current Monologue）是录音机里一盒磁带无限循环地录制展厅中的声音，每一次循环都会在录制当前声音的同时自动抹去前一次录制的声音。另外两件作品《空巢》和《明信片》（Post-Card）同样也与控制论有关，但同样不是刻意的对应。

时间和数据

最近两年，"时间"和"数据"成为蒋竹韵艺术创作的一条主要线索。在2019年的个展，也是与拾萬空间合作的第三个个展"云下日志"（SUBLOG）中，蒋竹韵通过两件作品对手机这种"外置器官"进行了不同方向的内外讨论。在《+86 18657167587》中，艺术家通过八根弹簧绳将自己的iPhone手机悬置在画廊半空中，来电和短信等各种提醒发出的振动经过一系列装置被放大，放大的声音反过来又会影响手机的振动，进而形成一种"反馈机制"。同时，振动被编辑成摩斯密码，以三条折线的形式出现在墙上的投影中。而在《2014.12.29—2019.8.31》中，艺术家则通过第三方软件Access将最近五年自己iPhone手机应用"健康（Health）"每天记录的步数合成一种蚊子的声音，只要踩下踏板就会迅速掠过耳边。同时，声音以图像的形式出现在地上的屏幕中。

　　这种关于时间和数据合成的创作其实可以追溯至更早一年艺术家
与博而励画廊合作的另一个个展"如果，结尾在开始之前"（IF THE END
PRECEDES THE BEGINNING）。蒋竹韵告诉我，自己无论当时还是现在都认
为现代主义的很多问题依然存在，所以总会试图对现代主义的源头进行
重新解读，包括图像和文本。他对艾略特的诗句"结尾在开始之前"中
那种时间和空间上的压缩感以及逻辑上的断裂感始终很感兴趣。在个展
中的同名作品中，艺术家使用眼球跟踪仪记录了自己阅读艾略特《四个
四重奏》时的眼球运动轨迹，然后进行了一个空间中的实体化呈现。地
上沿墙摆放了四组装置，对应诗歌的四个部分，四个可以在单轴线性模
块上左右移动的很小的屏幕只能呈现艺术家阅读文本四个部分时看到的
几段词句，完整的阅读信息被打印在四摞A4纸上。墙上的屏幕中播放
的是数据形成或者说软件抓取词句的过程。通过这种类似增强现实的方
法，蒋竹韵希望在一个很小的画面局部里呈现一个很大的文本，让观众
有一种身处文本之中的体验。当然，有时候他也反思自己的方式是不是
太个人化了。这可能与自己这种艺术家作为用户的身份有关，因为只有
作为用户才会对技术进行评估，对某些具体技术进行审美处理。同时展
出的另一件作品《全景与凝视》（Panorama and Gaze）也是关于眼球跟
踪技术的。在一个监视器屏幕上，观众可以看到废墟中的一栋居民楼，
但是如果移动目光，就会发现那里其实有一家钉子户，图像的移动与眼
球的移动是相反的。原来这件作品来自艺术家每天早上起床时都会在窗
口看到的一家钉子户，每天看每天看就形成了一种"凝视"，这种"凝
视"让他联想到福柯关于边沁（Jeremy Bentham）"全景敞视监狱"的
讨论。

小写的艺术家

2010年中国美术学院新媒体系合并成为跨媒体艺术学院之后，一个客观事实就是培养出来的策展人越来越多了，换句话说，就是越来越注重综合的"大写"的艺术家培养了。蒋竹韵觉得，自己恰恰就是那种与行业紧密联系的"小写"的艺术家，他希望仍然有这样一个大家可以相互交流的生态存在，不希望看到"小写"的艺术家逐渐被"大写"的艺术家淹没，后者显然不是自己的美学，可能自己的心没有那么大。

蒋竹韵对实验音乐和声音艺术的兴趣始于附中时期，因为搞校园乐队，接触了摇滚乐，更重要的是受到方闲海老师的影响。方闲海老师是一位诗人，当时就推荐他去读约翰·凯奇的书，这对少年时代的他来说无疑是一个很大的刺激。通过读凯奇的书，蒋竹韵明白了怎样把聆听这件事情拓宽到声音层面，而不仅仅是音乐层面。在他看来，也许把现实中的噪音当成音乐来听比较唯心，但是皮埃尔·舍费尔确实有自己的一套聆听理论，这套聆听理论在某种程度上说来自现象学，需要把某种已有的东西悬置起来，就是进入声音本身，进入一种纯粹聆听的状态。蒋竹韵坦言，自己虽然在学院中成长，但是接触到的老师往往与正统的学院老师不太一样，而且非常幸运的是他在每个时期都能碰到几位关键性人物，比如附中时期的方闲海老师和大学时期的张培力、耿建翌二位老师。

蒋竹韵大学选择新媒体系与张培力老师的一次鼓励有关。当时他还在基础部，想找杭州做实验噪音和实验音乐的李剑鸿来学院做一个讲座。碰了几次壁之后，他想来想去似乎只有新媒体系可能接受，于是决定直接去找新媒体系最大的人物张培力。张老师非常爽快地答应了。因为这件事，蒋竹韵理所当然地成了新媒体系的第一批学生。大学期间他的一系列作品《温度的频响》(Sound of Temperature)、《"喂"的开始》(Star with Wei）、《声之秤》（Sound of Scale）和《声剂斗柜》（Sound Medicine Chat）都与声音有关。他告诉我，虽然学的是新媒体，但是自己可能具有某种主体性，就是不太满足学院给的那些东西，总是愿意寻找一些个人感兴趣的东西，于是声音就成为媒介探索的一个主要方向。"阿嚏-阿嚏工作组"是 2008 年由江南布衣出资、耿建翌主理的一个独立空间，2010 年更名为"想象力学实验室"。耿老师是一个理想主义者，也是一个浪漫主义者，因此"想象力学实验室"就逐渐发展成为一个完全以培养艺术家为核心的艺术项目团队。蒋竹韵大学毕业之后一直在和耿老师一起工作，他发现后者尽管组织了很多活动，但是从来不提甚至回避"策展人"这个词，往往以"召集人"自称。这给蒋竹韵留下了对于策展人与艺术家之间是一种权力关系的先入为主的印象。2019 年在中国美术学院跨媒体艺术学院刚刚成立的由张辽源、蒋竹韵、吴美纯、吴珏辉组成的"自由艺术工作室"同样延续了张培力和耿建翌二位老师的理念。他们希望依然能够培养一些与行业和生态紧密联系的"小写"的艺术家。

主要个展（个人项目）

2021

- "自助时光"，2021 年 8 月 7 日—2021 年 9 月 11 日，拾萬空间，北京

2019

- "云下日志"，2019 年 8 月 31 日—2019 年 10 月 21 日，拾萬空间，北京

2018

- "如果，结尾在开始之前"，2018 年 7 月 19 日—2018 年 8 月 19 日，博而励画廊，北京

2017

- "西岸艺术与设计博览会：系统生存"，2017 年 11 月 10 日—2017 年 11 月 12 日，西岸艺术中心，上海

2016

- "风中絮语"，2016 年 12 月 24 日—2017 年 1 月 21 日，拾萬空间，北京

2015

- "对画·蒋竹韵+Johanna Meyer（乔安娜·迈耶）"，中德连线
- "PASS WORD：AT Lab（蒋竹韵 + 朱焕杰）"，2015 年 9 月 5 日—2015 年 11 月 15 日，拾萬空间，北京

主要群展

2021

- "保湿"，河边空间，杭州
- "学不可教"，亚洲艺术文献库，香港

2020

- "上海的客厅"，花样年，上海
- "绵延：变动中的中国艺术"，北京民生现代美术馆，北京
- "紧急中的沉思"，尤伦斯当代艺术中心，北京
- "Clean"（清洁），马刺画廊，北京

2019

- "张培力、耿建翌的学生们"，西岸艺术中心，上海
- "科技艺术 40 年：从林茨到深圳暨奥地利林茨电子艺术节四十年文献展"，海上世界文化艺术中心，深圳
- "平行，似存在，未完成：行进的艺术工具"，上海当代艺术博物馆，上海
- "冥想电台"，户尔空间，北京
- "此地有狮"，画廊周北京 2019‘新势力单元’"，798 艺术中心，北京
- "中国风景：2019 泰康收藏精品展"，798 艺术区 A07 大楼，北京

2018

- "8102：与现实有关"，OCAT 上海馆，上海
- "探虚捕实"，PPPP（艺术空间），北京
- "第六届广州三年展——诚如所思：加速的未来"，广东美术馆，广州
- "不作意义"，拾萬空间，北京

- "艺术赞助人"，乔空间，上海
- "在场：青年艺术家邀请展"，中国美术学院，杭州
- "视觉的诗：面向真实的时间"，Palais Bellevue #2（贝勒维宫 #2），卡塞尔，德国
- "以 12 月 12 日作为理由：回望耿建翌"，想象力学实验室，杭州

2017
- "日落将至"，泰康空间，北京
- "藏身之所"，马丁·戈雅生意，杭州
- "复相·叠影：广州影像三年展"，广东美术馆，广州
- "第六届三亚艺术季：共同风景"，华宇艺术中心，三亚
- "掩体·对白"，掩体空间，北京
- "朋友圈＋：文化馆线上艺术计划展"，OCAT 上海馆，上海
- "球场"，中央美术学院美术馆，北京

2016
- "第六颗子弹：形式的弹性"，拾萬空间，北京
- "世界之中"，A2Z-ART 画廊，巴黎，法国

2015
- "迷因城市－骇进现实：首届跨媒体艺术节"，中国美术学院美术馆，杭州
- "大概"，仁庐空间，上海
- "第零回艺术展"，江南布衣总部，杭州

2014
- "转速：中国声音艺术大展"，邵逸夫媒体艺术中心，香港

2013
- "西岸 2013 建筑与当代艺术双年展"，西岸，上海

2012
- "问题现场"，空谷艺术空间，杭州

2011
- "小运动：当代艺术中的自我实践"，OCAT 深圳馆，深圳
- "桃浦大楼：模糊参数"，桃浦当代艺术中心，上海

驻留项目
2019
- Atelier Mondial（驻留机构），巴塞尔，瑞士

2015
- Atelier Mondial，巴塞尔，瑞士

2011
- Hexagram Lab（实验室），康科迪亚大学，加拿大

个人网站
www.jiangzhuyun.net

徐维静

探索自然文化连续体

天气状况	多云 / 雷阵雨
气 温	31℃ / 24℃
风力风向	东风 1~2 级 / 东风 1~2 级
采访时间	2021 年 7 月 15 日，星期四，10：00—12：00
采访地点	中国艺术研究院，北京市朝阳区来广营西路 81 号

徐维静是北京人，4 岁赴美，11 岁回国，大学毕业之后赴美留学，目前在昆山杜克大学任教。2021 年 7 月中旬，她借担任现代汽车文化中心的中国青年策展人大奖初评评委之机回京看望父母。我们约定在北京找一天进行采访。徐维静很久没有回过北京，对北京已经有一点陌生了。我建议是否可以来中国艺术研究院聊聊。随着采访的展开，我隐约可以听出她的乡音。

生物与艺术

徐维静中学喜欢数学和物理，是理科生，但是同时课余喜欢阅读哲学、艺术史、艺术理论、设计类书籍。考大学的时候她想学艺术，但是小时候在美国上学，没有在中国体制内接受过素描训练，不容易靠近国内竞争激烈的美术教育体系。母亲了解到中国传媒大学动画学院的新媒体影视和数字动画等专业只招理科生，于是建议她报考。在中国传媒大学，徐维静接受了较为系统的影视训练，同时阅读了大量影视与媒体理论的书籍，开始对媒体理论和媒体艺术产生兴趣。因为缺乏这方面的学科支持，徐维静开始寻找其他校外的资源与机会来接触相关研究与实践。大三的时候，她找了第一份艺术家助理工作，开始接触当代艺术。

大学毕业之后，徐维静在徐冰老师的北京工作室做了一年助理，之后在今日美术馆兼职做影像剪辑，同时帮张尕老师做一些国际新媒体艺术会议的现场翻译。自高中以来的理论与实践工作经验，从宏观角度对媒体本身的发展及其与社会关系的观察，让她坚信未来媒体必然与科技相关。数字媒体起源于录像，但是从 20 世纪后期开始，计算机技术慢慢成为数字媒体的主要载体。虽然本科期间的影视训练为徐维静的知识结构奠定了一定的基础，但她意识到想要真正了解当下的数字媒体，必须了解计算机及其延伸技术。抱着这样一个目的，2011 年徐维静赴美留学，在纽约的帕森斯设计学院攻读设计与科技艺术硕士学位。帕森斯设计学院的设计与科技专业非常开放，这里把设计与科技的融合定义为观察、探索、解决未来问题的综合性方法，一方面设计被理解为一种广义解决问题的创造性方法论（creative problem-solving methodology），另一方面科技不仅指对具体技术的掌握，而且指对技术内在逻辑的分析和对技术与社会复杂关系的探究。徐维静觉得很幸运可以从这样一种弹性学科入手，寻找与其他学科结合的路径。

读研期间，经教授推荐，徐维静接触到控制论的一些概念和理论。她对英派控制论产生了兴趣。英派控制论讨论生物和化学机器复杂而开放的系统，其中令她最感兴趣的是斯塔福德·比尔（Stafford Beer）在系统设计实验中使用生物和化学系统的创新方法。徐维静觉得这种通过设计创造不可预测系统行为的方式非常有趣。她想，如果设定一种环境，创建一种规则，把生物系统和计算机系统两种存在于不同时空的现实结合在一起，会产生什么样的行为？徐维静在帕森斯设计学院接受的主要是交互设计训练，交互设计的本质是设计行为，对设计师而言，技术的使用与开发都是围绕如何设计行为进行的。当时美国已经有了wetware（湿件）或moist medial（湿媒体）的说法，从中可以看出将湿媒体、湿件与数字媒体对比的思路。同时，生物艺术开始进入纽约的主流艺术世界，当地艺术家开始探索活体生物材料的艺术潜力。这促使徐维静最终选择生物艺术作为毕业设计课题。为了寻找支持课题实践的学习资源，她成为纽约生物黑客空间 Genspace（Genspace是美国最早的两个生物黑客空间之一，另一个是加州的BioCurious）的成员，在生物学家奥利弗·梅德韦迪克（Oliver Medvedik）和生物艺术家努里特·巴-沙伊（Nurit Bar-Shai）的辅导下，做了一年研究。梅德韦迪克是库伯联盟学院分子生物学博士生导师，巴-沙伊是纽约大学ITP（交互电子传媒项目）讲师，两位老师都是Genspace的创始人。徐维静告诉我，她留学之前曾在帕森斯设计学院和罗得岛设计学院之间选择，因为有过本科毕业设计很难被学校接受的经历，所以考虑如果学校本身没有能够指导自己方向的老师，就要做好心理准备，自己去找校外资源。相比之下，纽约文化资源丰厚，帕森斯设计学院也就成了首选。事实证明，她的这一选择是正确的。

活体设备

从 2012 年到 2013 年，徐维静完成了她的硕士毕业设计作品《活体设备》（Living Devices）。《活体设备》的灵感来自调研时看到的一则科技新闻：据说科学家在深海发现了一种细菌是通过电网络传播信息的，这种菌落之所以可以这样传播信息是因为水是可以导电的，徐维静觉得这很有趣。正好她的外援导师巴－沙伊在跟一位科学家学习培养一种在土壤里觅食并因这种觅食方式而长成花的样子的细菌。巴－沙伊发现在培养皿里细菌生长的初始阶段，不同频率的声音刺激可以影响菌落，使之生长出不同的纹路。受到这一思路的启发，徐维静想既然生物从神经网络到 DNA 都是依赖生物电传播信号的，那么如果找到一类沟通习性依赖电信号网络的细菌，那么是否可以通过电把机器（人造现实）和生物（自然现实）连在一起？是否能够以电能为衔接点制造一种混合系统？基于这种逻辑和两种现实实现功效的生物设备会是怎样的？读书期间，徐维静重点选修了程序和电路设计课程，她决定亲手制作一系列电极装置，通过调节和控制每个电极的电压，产生多样和动态的电场环境，在其中接种细菌，观察其生长模式，记录其生长过程和结果。《活体设备》中理想的菌株应该是对电环境敏感的，但是因为研究资源稀缺的条件限制，她最后选择了实验室常用的 JM109 株大肠杆菌进行实验，因此创作思路转型为一套应对这个研究课题开发的研究方法论和设备。

在生物实验室的工作中，徐维静意识到与计算机时间相比生物时间非常慢，机器运算的速度之快是人无法察觉的，但是人对速度的感知其实更接近生物，写程序、做电路的时候，对时间的安排更接近人的主观意愿，但是在与生物打交道的时候，往往是个等待的过程，需要按照生物体自身的时间来推动变化的发生。人对生物的操控其实并不绝对，所谓的"操控"更像是一种合作，哪怕是很简单的 DNA 改造，如果不符合生物材料本身的属性，也无法得到预期的结果。她记得在 Genspace 工作坊做过的一次 DNA 改造实验，将荧光蛋白 DNA 片段植入大肠杆菌 DNA 序列是生物工程最基本的一个入门实验，虽然原理和操作简单，但是仅仅让细菌显现荧光就需要一个星期的时间。因此，从理论研究到电路开发再到实验观察，徐维静学习生物学基础知识和实验室技能，在导师指导下对电工实验室和分子生物实验室的操作过程进行改造与融合，经过一年时间只能开发出一套研究与操作方法，做出一个简单的实验。这为在实验条件允许的情况下继续延展项目做了铺垫。她发现一些偶发因素往往是无法避免的，只有通过实验才能不断总结经验，比如为了避免金属毒性影响实验结果，她使用了镀金电极，最终还是因为镀金板被腐蚀露出了铜制电极，本以为培养皿受到电解铜毒性的影响，细菌完全不会生长，但是没想到部分菌落存活了下来，而且琼脂在电场影响下的变色让电压点周围隐形的电场变得可视。

徐维静觉得当时能够找到 Genspace 已经很不错了，对艺术家而言，真正的高科技资源往往很难拿到，尤其是 2012 年、2013 年，全球科技领域的艺术驻留其实很少。在生物艺术领域，奥隆·凯茨（Oron Catts）和约纳特·祖尔（Ionat Zurr）早在 1996 年就发起了"组织培养和艺术项目"（Tissue Culture and Art Project）并于 2000 年建立了西澳大学人文科学学院的 SymbioticA 实验室，那里是全球最早的一个生物艺术研究机构，同时也是最早设立生物艺术硕士、博士项目的研究机构之一，研究方向主要是细胞组培。另一位重要的生物艺术家是爱德华多·卡茨（Eduardo Kac），他在芝加哥艺术学院开创了转基因艺术项目，并在世纪之交完成了著名的"转基因三部曲"。徐维静在 SymbioticA 实验室驻留的时候认识了那里的常驻艺术家盖伊·本－阿里（Guy Ben-Ary）。本-阿里用有机材料打印技术将液体丝做成培养皿中的电极，进行电极实验。这位艺术家告诉她，这是生物科技中比较前沿的技术，自己用这种技术刺激组培材料的生长环境，观测组培材料的生长状态以及功能表现。本－阿里依托大学的生物实验室，做了多年细胞组培的研究与创作，积累了不少知识与经验，可以相对自如地与科学家进行交流与合作，但是即便如此，也会遇到困难，因此项目周期一般都比较漫长。这是生物艺术家经常会遇到的问题。徐维静认为，想接触真正的高科技资源，一要看运气，二要深入相关领域，积累基础知识，与科学家对话，理解一种材料往往需要一段时间，在不同材料之间穿梭实验恐怕很难深入其中。

蚕计划的三阶段

在做《活体设备》的同时，徐维静开始了一个长达七年的艺术项目"蚕计划"（Silkworm Project）。她告诉我，自己硕士毕业设计的最初方案其实是做昆虫研究，但是当时给纽约州的一些昆虫学家发出的邮件都没有收到回复，找不到可以合作的昆虫学家，同时发现研究的动物越复杂需要的时间就越长，因此考虑资源和时间的限制，最后做了以细菌研究为主题的《活体设备》。"蚕计划"是徐维静构想的"昆虫三部曲"系列之一，该系列计划研究蚕、蜜蜂和蚂蚁三种昆虫。她认为，昆虫、鸟类和少量哺乳类动物都有搭建行为，但是昆虫比较有趣的一点是尽管脑很小但仍然能够做出复杂的生物建筑结构，蚕、蜜蜂和蚂蚁都是搭建型昆虫，在某种程度上说它们都是设计师，都是造物者。很多科学家通过研究昆虫的搭建行为，分析"智能"到底是什么。生物行为学家迈克·汉塞尔（Mike Hansell）的《动物建造》（Built by Animals）对徐维静影响很大。由于培养蜂群和蚁群需要比较稳定的空间，但是她经常搬家，而且在七年里还做了两三年的商业项目，因此从 2012 年到 2019 年只完成了三部曲中的一部。徐维静从一个养蚕业余爱好者开始，慢慢选择研究课题，像做细菌研究一样，一边做电路、硬件和机器的开发，一边做生物、昆虫和养蚕的研究。在"蚕计划"的三个阶段，徐维静先后设计了三种装置，探索能够生成自主织蚕丝结构的混合生物机器世界的可能性，每一个蚕丝机器都是一个在自然系统和人造系统之间的反馈系统。

第一阶段（2014—2015 年）的作品是《平面纺织》（Flat Spinning）。徐维静在看纺织史的过程中发现早期计算机的逻辑其实来自纺织机的逻辑，因此想看看是否可以将这种关系倒置过来，就是通过计算机生成纺织的信息，这与人工智能中奇点（singularity）或者说机器造机器的问题类似。她设计了一个养蚕笼子，上面是一个绷布的木框，用来养蚕，下面是一层层的控制电极，每一个电极的电压都可以单独调控。装置上方是一个摄像头，用来捕捉蚕的运动，将其位置信息投喂给机器，机器接电之后就会感知蚕的位置，通过电极刺激驱赶蚕在机器中移动。但是在做这个装置的时候，徐维静发现自己的设计有很大的漏洞。有效电极的设计需要一定的接触面积，而且接触部位需要湿润可以导电，就像一些医疗设备的电极或者一些脑机接口的电极一样，但是湿润电极不适用于蚕，蚕长期生活在湿润环境中容易生病，同时湿润环境容易导致电路短路，因此干燥电极的设计最终效果不太理想，蚕没有任何知觉。另外，蚕在开始吐丝的时候会到处爬，寻找适合结茧的地方，机器被设计成开放的，这一点也不符合蚕的吐丝行为习性。尽管《平面纺织》是一台无法工作的机器，但这是一台根据纺织机和计算机的历史想象的一台机器。

《平面纺织》遇到的问题促使徐维静进一步研究动物行为学，进而做出了第二阶段（2016—2017年）的《空间纺织》和第三阶段（2018—2019年）的《悬浮宇宙》。如果说《平面纺织》是用昆虫来做，那么《空间纺织》和《悬浮宇宙》则是为昆虫而做。第二阶段的《空间纺织》包括两台原型机器，一台是倒置水平旋转的纺织机，另一台是水平放置垂直旋转的纺织机。徐维静观察蚕吐丝的过程，将其结茧过程分为六个阶段。她发现，如果在前三个阶段成功干扰了蚕的空间判断，那么蚕就只能吐丝不能结茧，而且在实验过程中形成的这些"错误"丝结构比之前设想可能出现的结果更加有趣。第三阶段的《悬浮宇宙》原型是这一系列中的最后一台机器，跟《空间纺织》的第二种原型很像。徐维静想做出能够凭借磁力悬浮的玻璃球体，可以在X、Y、Z轴方向上任意旋转。虽然现在有很多在一个轴上水平旋转的桌面装置，但是想让玻璃球体在三个轴上仅靠悬浮磁场定位旋转，技术实现非常困难。最后她不得不简化原来的设计，通过横向旋转轴创造了一个由两个半球拼接在一起的玻璃球体无棱旋转环境，供蚕吐丝。该球体纵向缓慢旋转，每旋转半小时后停留半小时，之后再旋转半小时后停留半小时，反反复复。这个原型虽然并非十全十美，但是可以实现徐维静设想的通过旋转空间干扰蚕的空间判断，进而影响蚕创造的丝结构。

蚕计划与蚕文化

在做"蚕计划"系列的漫长过程中，徐维静积累的许多知识和想法其实没有完全体现在每个机器装置中。她曾做过一些彩蚕空间实验，目的是研究多条蚕在同一空间中的协调行为，比如设想以计算机视觉（computer vision）的方法，通过摄像头捕捉蚕的吐丝行为，以颜色跟踪的方式区分蚕的吐丝轨迹。她了解到新加坡由于法律禁止人造生物（chimera），科学家为了开发自然彩丝，研究出一种通过喂蚕彩色饲料的方法达到这一效果。她在自己的上海工作室尝试过这种方法，但是蚕的存活率不是很高，而且吐丝的颜色不是很深。这一方法失败之后，徐维静了解到日本科学家的转基因彩蚕研究。日本科学家通过在控制蚕丝颜色的基因序列中植入海蜇的荧光蛋白，创造出直接可以吐出彩色蚕丝的蚕种，蚕丝经紫外线灯照射可以发出荧光。这样的蚕丝更符合多条蚕协调空间行为的观测需求，徐维静运用这种方法及其他方法做了许多空间吐丝实验。

除了关于蚕科学的一些背景研究，徐维静在做"蚕计划"系列的时候还参考了很多计算机科技史和纺织科技史。在 2019 年斯洛文尼亚卢布尔雅那的卡佩利卡画廊（Kapelica Gallery）的个展"蚕计划"现场，她展出了三台机器，同时并置了一台启发"平面纺织"机器的 20 世纪 70 年代苏联生产的磁芯存储器（Magnetic Core Memory Artifact），将虚构和现实拼贴在一起。磁芯存储器是 20 世纪 50 年代至 70 年代运用比较广泛的计算机数据存储设备，该设备通过由缠绕了电线的环形磁铁组成的磁铁矩阵存储信息。电流方向反转的时候，磁环的极性随之发生反转，形成正向和反向的二进制数据系统，是早期的一种数据物理表现形式。

最后，在作品创作和展出的过程中，徐维静体会到这件作品复杂的文化与政治背景。这件作品曾在美国、欧洲和亚洲展出，每换一个地方，观众都有截然不同的解读，有些甚至出乎她的意料。在西方，生物艺术往往需要面对生命政治和生物伦理学方面的质疑与挑战。作为生物艺术的"蚕计划"同样遇到许多生物道德方面的质疑。最初徐维静认为，这种质疑是一种东西文化差异的表现形式，但是后来她发现，观点的不同源于不同的丝文化。例如，丝文化源于中国，最早传播到日本和印度，直到几百年前制丝技术才到达欧洲的法国和意大利，之后才穿越海峡到达英国,最后到达美国新大陆。在德国访问期间,徐维静发现多数柏林人对蚕与养蚕人之间关系的认知是单一化的,这是因为柏林的气候和光照都不适合养蚕,虽然普鲁士国王曾想制造自己的蚕丝,但是最后仍然无法培养自己的蚕种。相反,在欧洲遇到意大利学者聊起养蚕时,意大利学者与徐维静有着小学养蚕的相似童年记忆,这是因为养蚕文化曾经渗透了意大利的养蚕地区,那些地区的人在这样的文化中成长,形成了复杂的蚕与人的世界观,这种世界观并非单纯的"剥削"与"被剥削"关系。养蚕非常消耗人力和时间,徐维静在每年春天养蚕季时都深有体会,她觉得这种细腻的关系可能只有养过蚕的人才能理解。

蚕文化是个复杂的话题,关于这一话题方方面面的研究无法全部体现在机器装置中。为了更加深入地探索这一话题方方面面的逻辑,徐维静受马克斯·普朗克科学史研究所(Max Planck Institute for the History of Science)日本蚕文化学者丽莎·翁长(Lisa Onaga)的邀请于 2019 年夏天参与了一个艺术驻留项目,在德国尝试养蚕和相关研究并记录过程。她目前正在慢慢整理研究成果,准备创作一件新的艺术家书(artist book)作品。对徐维静来说,"蚕计划"是一个不断观察测试、不断发现问题、不断解决问题的过程,其中遇到的可以解决和解决不了的问题也成为作品的一部分。

电皮与声皮

2016 年,徐维静开始创作"皮系列"(Skin Series)的《电皮》(Electric Skin)和《声皮》(Sonic Skin)两件作品。看上去"皮系列"好像跟"蚕计划"没有太大的联系,但在探索生物感官及其对环境的认知这一点上来说,二者其实是一致的。"皮系列"探索的是科技时代人类感知的未来,可穿戴设备如何重新界定人的感官系统并改变人与环境的关系。那段时间，徐维静看了一些感观生态学（sensory ecology）的书。作为生物学的一个子学科，感观生态学与行为学和信息学都有关系，讨论的是生物个体之间如何交流信息的问题。简单地说，所有生物维系生命的过程都可以被视为一种感官获取外部环境信息然后进行自我调整最终适应环境的过程。不同的生物使用不同的方法，比如水生生物因为环境光线微弱，往往以超声波、电信号等途径传播信息，由此形成的世界观与人类以视觉为主导的世界观截然不同。这种差异是徐维静很感兴趣的探索方向，即通过可穿戴设备将异类生物的感官嫁接到人体上，进而延展人的感官世界。在考虑将动物的感官嫁接到人体的哪种感官系统时，徐维静选择了皮肤，因为皮肤是人体最大的一个器官，是人与环境、内部与外部之间最大的界面。"皮系列"就是在这个界面上进行探索和研发的一个长期艺术项目。

基于这样一个思路，徐维静创作了"皮系列"的两件作品：《电皮》和《声皮》。《电皮》的想法来自这样一种思考：随着电子通信技术的发展和普及，电磁信号比任何时候都更加普遍地存在于我们周围的环境中，在无形的通信网络中传递和反弹，构成了不可视的另一层现实。从进化论的角度思考这个问题，徐维静提出了一个问题，即当我们的现实发生改变时，我们也会随之发生改变和进化么？根据这种思考，她设计了一个小六边形柔性电路板模块，每个模块上都有一根小导电探针，探针可以感应空间中细微的电磁场变化，并通过电信号激发电路板背后的马达引起振动。她用上百个这样的模块拼接成电子布料，一个人穿上使用这种电子布料制成的衣服，将会通过振动马达感知环境中的电场变化。徐维静认为，生物体的行为表现是与感官系统接收的环境信息紧密相连的，二者之间能够形成一种信息回路。她设想，也许未来这种可穿戴设备能够帮助我们增加皮肤的敏感度，改变我们对环境的认知和理解，改变我们与环境之间的行为关系。

《声皮》是"皮系列"的第二件作品，参考的是蝙蝠和鲸的超声波感官系统。这两种生物可以在环境中发射指向性的声音，并通过声音的反弹轨迹推测自己与环境的关系。徐维静根据蝙蝠和鲸的这种特征，结合改造皮肤界面的思考，创作了一件声音盔甲。这件声音盔甲由五十个超声波发射器阵列围绕身体曲线组成一堵"声墙"，向外发射超声波信号。超声波本来是人的耳朵听不到的，但是通过矩阵排列，声音信号得到强化，成为可以在空间中反弹的声束。这个原理与指向性音箱的原理类似，在现场不同角度会听到不同的声音效果，正对声源的时候声音最强，随着角度偏离，声音慢慢消失。声音缠绕在身体周围，声音的反弹效果直接体现了人体与环境的物理关系。如果说《电皮》是一个接受型可穿戴装置，那么《声皮》则是一个发射型可穿戴装置。

"皮系列"的灵感与方法来自徐维静对交互设计的理解与兴趣。交互设计的根本是行为设计，通过新的界面干预，行为在交互的过程中发生变化。两件作品虽然灵感同样来自自然科学话题，并通过多年设计研究形成作品，但让徐维静最受启发的是，观众看到作品时即使不知道其中的理论与过程，作品本身也可以让他们联想到很多有趣的未来可穿戴设备的运用场景。对她而言，理解或不理解艺术家的原始概念其实并不重要，重要的是作品通过传播可以引发一些新的思考。

主要个展

2021

- "蚕计划"（纺纱人工制品），马克斯·普朗克科学史研究所，柏林，德国（收藏）

2019

- "蚕计划"，2019 年 9 月 17 日—2019 年 10 月 4 日，卡佩利卡画廊，卢布尔雅那，斯洛文尼亚
- "蚕计划"，2019 年 6 月 1 日—2019 年 7 月 14 日，柏林艺术实验室，柏林，德国

2018

- "声皮"，UNArt 艺术中心，上海（收藏）

2013

- "奇幻机器"（神机），2013 年 11 月 9 日—2013 年 12 月 1 日，BETWEEN 艺术实验室，上海

主要群展

2021

- "他山之石，新代理人"（虚拟展览），上海当代艺术博物馆，上海
- "纤维密码"，中国国际设计博物馆，杭州
- "病毒阴影下：技术与传染时代的网络"，柏林艺术实验室，柏林

2020

- "最后的预言家：深圳湾科技艺术节"，深圳
- "Spectrum Artium Festival"（光谱艺术节），特尔博夫列，斯洛文尼亚

2019

- "逾界的纠缠 @2019 第三届杭州纤维艺术三年展：无界之归"，杭州，北京
- "可善的陌生"，UNArt 艺术中心，上海
- "准自然：生物艺术、边界与实验室"，现代汽车文化中心，北京

2018

- "生命之树：工作坊 - 坊工作"（材料知识第一部分），南洋理工大学当代艺术中心，新加坡
- "繁花：电子乐与四重奏"（与艺术家白培耕、音乐家B6和上海交响乐团合作），捷豹上海交响音乐厅，上海
- "无从掌控：噪音、故障、突变与'失控'之美学"，松江美术馆，上海

2016

- "2016 深圳新媒体艺术节"，深圳
- "歌颂科学，珍视艺术"，复旦大学药学院科研楼大厅，上海

2015

- "第二届 CAFAM 未来展：中国青年艺术的现实表征"，中央美术学院美术馆，北京

2014

- "BYOB"（Bring Your Own Beamer，自备投影），1933 老场坊，上海
- "KICK!"（踢！），Ho 画廊，纽约，美国
- "多维之观"，中央美术学院美术馆，北京

2013

- "北京国际设计周"，大栅栏，北京

2012

- "再生"，纽约科学馆，纽约

2011

- "延展生命：媒体中国 2011——国际新媒体艺术三年展"，中国美术馆，北京

个人网站

www.vivianxu.studio

司马源

随手主义宣言

天气状况	多云 / 多云
气　温	31℃ /24℃
风力风向	西南风 1~2 级 / 西南风 1~2 级
采访时间	2020 年 7 月 29 日，星期三，15：00—17：00
采访地点	Così Così（一般般吧），北京市朝阳区东五环草场地 280 号元色空间

2020年疫情首次好转之后我和司马源在798艺术区聊过一次，中间疫情反复，再次好转的时候，我们又在草场地艺术区附近聊了一次。后来发现两次采访的时间都是当月29日，中间正好相隔三个月。2019年底，她在望远镜艺术家工作室做了个展"获取"，没想到的是，这个展览竟然成为望远镜艺术家工作室在草场地空间的最后一个展览。

水头电台与司马料理

　　司马源的两个新项目都与疫情有关。2020 年 2 月她和家人去日本旅行，本来打算 4 月去，但是因为疫情将行程提前了，结果在京都和奈良待了一个月、看了十四个寺院之后才回北京。由于回来的时间比较幸运，司马源只需要独自在家隔离十四天，期间小区有人帮忙倒垃圾、送菜、收快递。这时她预感疫情可能一时半会儿过不去，也许会继续半年或一年，甚至持续发生在今后的生活中，人类的脸上可能会一直有口罩。当然这个事件对艺术家影响特别大，最直接的就是很多实体展览都停止了。司马源感觉在这种情况下，艺术家的创作方式、展览方式以及作品与观众之间的关系可能都会发生巨大的变化。

　　因为宅在家里没事做，司马源和好友李泊岩、曾谙艺一起创办了"水头电台"（WATERHEAD RADIO）。虽然很多人认为今后的展览方式可能就是数字虚拟的线上博物馆、美术馆或者画廊，但是司马源觉得这种方式似乎只是把艺术作品的观看介质转换了一下，观众对原作的感受反而被大大冲淡，细节都看不清，只能看一个大概的轮廓，本质上相当于实体展览的"低清版"。她在五六年前就做过类似的尝试，比如"一个人的美术馆"（SIMA ART MUSEUM），她觉得这肯定不是未来展览真正的发展方向，未来真正可能颠覆的是艺术家、展览、作品和观众之间的关系。"水头电台"最初的目的是和观众一起听一些有趣的声音，后来变成一期节目就是一次整体的声音作品展。最近三位创始人开始进行新的实验，尝试能否通过这个电台以低成本、低能耗的方式实现一家真实画廊的全部功能，比如将节目和网店结合在一起，为艺术家卖作品。与此同时，司马源在想还有什么方式能够从根本上改变观众、艺术家、展览和作品之间的关系。她做了一个直播项目"司马料理"（SIMA COOKING）。直播最近几年特别火，然而以此为媒介进行创作的艺术家并不太多。在此之前，司马源的作品大都与日常有关，从不刻意为创作而创作，生活里有什么就做什么。她想，既然每天都要吃饭，那么不如通过做饭和吃饭将自己与观众联系起来。她邀请朋友圈里熟悉或陌生的"客户"通过发微信红包的方式向她点菜，她就真的通过直播软件做给他们看。"客户"点什么都可以，然后司马源凭借想象将这些菜做出来。吃的方式有两种，"真吃"和"云吃"，前者价格六十六元，做完之后同城速递给客户吃；后者价格六元，她直播自己替客户吃的过程。

出于抹去生活和艺术之间某些界限的目的，司马源在"水头电台"第一期《禅与革命》中介绍了一些受禅宗思想影响的人，比如音乐家约翰·凯奇和诗人艾伦·金斯伯格，他们都曾直接受到铃木大拙及其著作的影响。铃木大拙认为，禅没有什么奇特的，禅就是生活本身，无须刻意地从中找出什么所谓的秩序或者规律。受到这些东西影响，加上刚刚看过的十四个日本寺院，司马源希望"水头电台"和"司马料理"可以自然而然地发生，吃饭就是吃饭本身，做饭就是做饭本身。迄今为止，"司马料理"已经直播了十六次，其中四次真吃，十二次云吃，"水头电台"发布了五期。当我问起"水头"的含义时，司马源告诉我，Waterhead 有"水源"和"脑积水（脑子进水）"的意思，三位主创者最初以达达派翻词典的方式得到了这个英文单词，结果发现其含义竟然与司马源的名字以及三位主创者的自嘲相关，于是把这个词用中文直译出来，就是"水头"。

获取

　　2019 年底，司马源在美国策展人林杰明（James Elaine）创建的位于草场地艺术区的非营利项目空间望远镜艺术家工作室（Telescope Artist Studio）做了一次个展。展览取名"获取"（ACQUISITION），呼应司马源给自己发明的一个词"随手主义"。这次个展源于 2019 年在瑞士尼翁的一次为期近一个月的艺术家驻留项目。抵达尼翁之前司马源和密友在希腊旅行了一段时间，期间开始收集各种门票和交通、住宿票据，抵达瑞士之后更是注意收集每天的各种消费票据，包括食品包装和广告资料。幸运的是她通过一次聚会认识了一位当地文化界的朋友，这位朋友收藏各种好看的老式打字机，司马源试着问可不可以借一台在驻留期间使用，对方非常爽快地同意了。那是一台 20 世纪 60 年代制造的 Hermes 打字机，其商标与著名的法国奢侈品爱马仕以及古希腊神话中的神使赫尔墨斯是一个词，挺有意思。她开始每天往收集的票据上打法语谚语并发现因此而产生的视觉效果很奇特，尤其是当这些消费时代的速食主义产物突然遭遇了谚语那样古老而永恒的东西并被放在一起时，它们仿佛互相给对方注入了新的生命力。司马源收集法语谚语，然后请朋友帮忙译成英语和汉语，做成包括三种语言在内的《谚语翻译器》（Proverb Translator）。在翻译过程中，她发现汉语国家、英语国家和包括瑞士在内的法语国家的谚语，很多时候在核心意义上是完全一样的，有时只是换了一种说法或者换了一个名词，比如法语"穿着狮子皮的驴"（L'âne vêtu de la peau du lion）和汉语的"狐假虎威"就是一个意思。在这次个展中，司马源将四十五个打上法语谚语的消费证据和一面由红蓝金银四条色带组成的"自创国旗"分别布置在展厅的货架和一面墙上，展厅中央是获取这些消费证据地点的地图灯箱和连接展厅各个角落的彩带。与这一组《获取 –（图像）》同时展出的是另一组作品《获取 –（文本）》，那是悬挂在另一面墙上的八首"朋友圈诗"。自大学时代起就开始写诗的司马源发明了一种新的写诗方式，她通过重新排列组合，把不同人发的朋友圈文字变成一首貌似同一个人写的诗，比如她在《男神》中写道："真正的男神／腿长一米八／笑不露齿／够朋克／看得浑身直冒冷汗／什么神仙滤镜／美颜拯救世界／行走的反光板／男子有德便是才／这响指得有多大功力／读你千遍／脑回路／病得不轻／不过梦一场／所以／对待生活／斜眼看一下就好。""获取"的第三部分是在望远镜艺术家工作室的办公室中陈列的四个通过网络征集得到的废旧电器，布展剩余材料和开幕酒水都被存放其中。这样，三组作品表达了司马源的一个观念，即艺术根本无需所谓的"制作"或者"劳作"，而是一场无休无止的"获取"。

2017年，由于一次有惊无险的经历，司马源开始持诵《大悲咒》和《楞严咒》并抄写《心经》。三年多来，持诵过两万多遍的《大悲咒》和佛教思想在潜移默化地影响着她，她觉得有一种神奇的力量在渐渐地改变自己，创作作品、练习瑜伽和持诵抄写经咒已经统一起来，成为自己获取"觉知"的主要途径。她越来越不喜欢刻意创作的作品，在司马源看来，生活就是作品，作品就是生活，觉得有意思，随手就做了。

从生物到艺术

司马源大学学的是生物，原因很简单，与家族传统有关，爷爷和外公分别毕业于武汉大学和浙江大学的工科专业，他们的后代中 80% 都是学工科的。虽然爸爸是学历史和金融的，但是妈妈是学医的，妈妈想让司马源学医。司马源害怕解剖尸体，于是选择了接近医学的生物学，具体来说是课程最少的植物学。在司马源的回忆里，第一年还行，在南京大学的普通动物学和普通植物学课程中可以接触真实的自然，但是往后就越来越枯燥。在分子水平的微观世界里很难看到生命的整体，尤其是第四年每天在实验室里对着一百多个锥形瓶，用一口很大的灭菌锅灭菌，然后在一个无菌环境的超净台中一个一个机械地往培养基里种种子。她的毕业论文写的是《转基因番茄的药用价值》。二三年级的时候，司马源就想得很清楚，这肯定不是自己最喜欢的事。大学期间，她最喜欢的事就是坐在教室最后一排读文学、艺术和哲学书，她参加了八个社团，其中有六个都与艺术有关。除此之外，还有一件事令司马源至今记忆犹新。因为从小学了十年的钢琴，她通过学校的论坛页面认识了一帮爱好古典音乐的朋友。大家请物理系的一位同学想办法把一间声学实验室的钥匙"拿"了出来，然后每个星期五的晚上，六七个人每人带两三张 CD 潜入其中，坐在一堆高级音响中，关灯听两三个小时的音乐，这种奇妙的"暗夜音乐会"为她种下了后来创办"水头电台"的种子。

司马源大学毕业之后去了深圳，在一个世界五百强的制药公司工作。用她的话说，那是一个特别好但很无聊的工作。她不想一直那样工作、生活下去，最终变成一个油腻的人。她想换一种生活，于是回到北京，一边在一家杂志做文字编辑，一边准备出国读研的雅思考试。很快，司马源就被伦敦艺术大学的伦敦传媒学院录取了，然而录取专业不是她开始想学的摄影（摄影要求本科是相关专业），而是设计管理专业。这个专业需要学习十门理论课程，一部分与文化批评有关，一部分与项目管理有关，司马源在完成这些必修课和诸如"创造力学"之类的选修课以及毕业论文之后还做了一个个展"另一个欧洲"（ANOTHER EUROPE）。她用假期在欧洲二十多个城市拍摄的八十多张照片申请本校不同学院的画廊，最后得到了在中央圣马丁艺术与设计学院画廊举办个展的宝贵机会。那是一个特别不规则的展览空间，她随机应变地将三十多幅作品摆在窗台上、挂在墙面上，然后通过投影呈现另外五十多幅作品。司马源告诉我，这是她人生中的第一个个展，也是她艺术家之路的真正起点，在此之前她根本没有想到自己的生活中会有展览这回事。

一个人的美术馆

回国之后，司马源参加了很多摄影展，但是渐渐感觉仅仅使用摄影的媒介好像不够。2012 年的个人项目"第七天"就是一本有点儿像内心独白的黑白摄影书，从这本书开始，她想打破那种特别纪实的摄影方法，拍摄一种内心的感觉或者气氛。2013 年，司马源做了一组作品"关于女人的寓言"。当时一位朋友做了一本无法公开发行的 LGBT 杂志，那位朋友和一位挺棒的平面设计师合作，一个负责文字，一个负责视觉，在做了几十期之后由于种种原因面临停刊。就在即将停刊之前，朋友邀请司马源帮忙拍摄一期女性专题。杂志停刊之后，司马源希望把这个题目继续做下去，就找了十二位年龄和生活背景完全不同的女性做模特，并为每人设定了一个寓言。在这个编导式摄影的项目中，她和拍摄对象发生了更加直接的关系，好像每一次拍摄都可以得到一位新朋友。2014 年，司马源把这组作品发展成一组更加开放的作品"盒子里的问题"。她把"关于女人的寓言"做成十一本折页小册子，然后放在一个拉杆箱里，拖到不同的咖啡馆、酒吧、餐厅以及朋友的工作室，铺在桌子上进行移动展览。好奇的观众看完作品可以到隔壁的桌子跟司马源聊天。她在一个木盒子里准备了六十个与自己作品有关的问题，每位观众可以抽出三张纸条并回答纸条上的三个问题。聊天过程被录音，之后被剪辑成一个包含了司马源与三十四个人进行私密对话、时长两小时二十六分钟的声音作品。这两组作品合起来就是她的个人项目"第二性"。

2015 年，司马源搬家到了位于北京经济开发区的一套家族闲置的住宅。由于距离艺术区比较远，那段时间生活就比较宅，她干脆在家里做起了"一个人的美术馆"。集馆长、策展人、艺术家、布展工人、观

众、媒体、保安、清洁工、材料以及展品于一身的司马源自 2015 年
8 月至 2016 年 10 月在微信平台先后发布了十一个展览:"死亡之舞"
(TOTENTANZ)、"性幻想"(SEXUAL FANTASY)、"情书"(LOVE LETTER)、"艺
术家简介"(SELF INTRODUCTION)、"看不见的展览"(INVISIBLE EXHIBITION)、
"诗与物"(POETIC & MATERIAL)、"蓝"(BLUE)、"心图"(CARDIOGRAM)、
"以梦为妈"(CHILD OF DREAM)、"一周年纪念展"(ONE-YEAR ANNIVERSARY
EXHIBITION)、"第十一个展览"(THE 11TH EXHIBITION)。十一个展览共展
出作品二百二十三件,涵盖摄影、装置、诗歌、绘画、小说、声音、表
演、电影等形式,由于馆内人数不得超过一人,该馆谢绝实地参观,只
在线上发布,最终累计观众二万六千余人。"第十一个展览"让司马源参
加了人生中的第一次行为艺术节,她走出自己的美术馆,来到 798 艺术
区,通过"赠予"这一行为让"一个人的美术馆"和世界发生联系。每
一位陌生的路人都可以坐在艺术家面前,戴上眼罩接受一件来自美术馆
的礼物,可能是一件藏品、一件即兴作品、一种食物、一种气味或者一
小段时间,取下眼罩之前,路人可以为这件礼物命名。有趣的是,就在
行为即将结束的时候,798 艺术区的工作人员以她在盘腿打坐为由,试图
驱赶她和参与其中的路人。司马源做"一个人的美术馆"的初衷其实是
想尝试一种艺术机构批判,而直接原因则是在"第十届连州国际摄影年
展"展出个人项目"第二性"时,其中三组用模特身体表达的作品被撤
掉了。

旅行与文学

司马源特别喜欢旅行,最近十年去过二十多个国家。如果没有每
年两三次、每次十天到一个月的旅行,她就会觉得生活缺点儿什么,而
创作则在这些旅行中自然而然地生长出来。她认为,这种创作与其说是
一种创作,不如说是一种地质写作,每一组作品都像一组视觉和文字的

游记。比如她曾把手机里在二十多个城市和地区拍摄的风景照片打印出来并手工剪去天空之外的所有部分创作了《空与有》（Emptiness and Existence）；比如她曾把三年间自己拍摄并发在朋友圈中的小视频剪成二十六分钟和五分钟的两个影像创作了《及时行乐 I》和《及时行乐 II》（Seize the Day，2017—2019）。就像2019年的个展"获取"来自一次瑞士之行一样，2018年的个展"觉知"（AWARENESS）来自一次印度之行。2016年，司马源去了一趟印度。在她眼中，那里很神奇，很多老城看起来特别破旧而且脏乱差，但是有一种特别迷人的视觉效果，凌晨四点在瓦拉纳西和一帮人坐船横渡恒河时，两岸各种色彩斑斓的房子令人目不暇接。司马源告诉我，她在恒河上没有找到传说中的浮尸，但是的确有一些火化船，据说现在不允许直接水葬，因此很多人选择将尸体火化之后将骨灰撒在水里。她回来之后画了一组《心图》。《心图》全部由线条组成，看上去就是一些能量团，很单纯，也很"印度"。另一组与能量有关的作品是《脑电图》（Eeg），司马源以扫描仪代替眼睛，制造了一种介于二维和三维之间的视觉空间，她把塑料、玻璃、金属、纤维、盐、糖、油、水等各种日常生活用品放在扫描仪表面，通过一边移动一边扫描产生类似宇宙星空、远古冰川和海底生命的扫描图像。这样两组直接受到印度之行影响的作品都以数码版画的形式呈现，组成她的个展"觉知"。司马源认为，创作带给自己一种与之前学习理科、学习生物完全不一样的体验。

对司马源而言，文学的影响可能大于艺术。她喜欢弗兰兹·卡夫卡（Franz Kafka）、伊塔洛·卡尔维诺（Italo Calvino）、米哈伊尔·阿法纳西耶维奇·布尔加科夫（Михаил Афанасьевич Булгаков）、玛格丽特·尤瑟纳尔（Marguerite Yourcenar）、胡安·鲁尔福（Juan Rulfo）、让-皮埃尔·热内（Jean-Pierre Jeunet）和王小波这些作家，尤其喜欢卡尔维诺和尤瑟纳尔的作品中那种虚构历史的东西。在"朋友圈诗"之前，她写过十三个古怪离奇的短故事，合起来就是《十三个平行宇宙》。她在序中写到："一个人所拥有的世界，既不会超出也不会少于他所能掌控的语言。我的世界包含这几种成分：自身经历的事物，他人表述的事物，以及自己梦见或想象的事物……我不认为它们之间哪一个比其他更现实、更重要，也不认为它们之间需要划分出多少肉眼可见的界限。当这些成分无缝融合在一起之后，开始跟随我同步生长，才成了真正的生活现实。"2015年，司马源曾用这个系列的短故事做过一个叫作"司马的零点电台"的项目，在某种程度上说这就是"水头电台"的前身。在三个月的时间里，她每晚零点随意选择一个五百人左右的微信大群，强势播诵自己写的这些短故事和其他文字作品。她把各种回应截屏留存，但是由于无法修复的电脑故障，这些故事的声音版就只能永远留存在当年那些微信群的记忆中。

杜尚

司马源喜欢的艺术家不多，但是在西班牙之旅中令她印象深刻的画家有两位，一位是戈雅，一位是博斯。在马德里的普拉多博物馆，她看到了戈雅晚期的十四幅《黑色绘画》，她感觉在进入那间人头攒动的展厅的一刹那，有一种脊背和头皮发麻的生理反应，之前看别人的画从来没有这种体验。戈雅晚期的画不是画出来的，而是一种接近死亡的人类精神样本在画布上的直接"显影"，灵肉合一，震撼人心。在马德里的普拉多博物馆，她还看到了博斯同样震撼人心的三联画《人间乐园》及其他作品。她感觉博斯的画超越了智力与感觉，也超越了时空，完全看不出年代，说博斯是 15、16 世纪的人可以，说博斯是通向未来的人似乎也可以。离开西班牙之后，司马源在《查理周刊》恐怖袭击事件发生的第二天抵达巴黎，亲身经历了一次两百万人大游行。从戈雅和博斯到大游行，这种魔幻时空的澎湃经历都令她着迷。

除博斯和戈雅之外，杜尚是司马源比较容易产生共鸣的艺术家。这位艺术史上的"男神"可能没有直接受到禅宗的影响，但是同样达到了那样一种境界。司马源认为，杜尚20世纪初做的一系列作品已经在质疑美术馆体制和视网膜艺术了，然而今天的很多艺术家嘴上说崇拜杜尚，实际都在拥抱体制和视网膜艺术，这就偏离了杜尚的精神。因此司马源的创作大概遵循了两个原则：其一是不太诉诸视网膜和耳膜，其二是生活和艺术之间没有界限。在她看来，艺术家应该是一张滤纸。你有你的时空，他有他的时空，我们各自就像乌龟背负着自己的龟壳一样背负着自己的时间和空间，我们会遇到各种各样的信息，一个健康的有正常思维能力的人就会吸收这些信息，这些信息经过艺术家身心的过滤就会变成另一种东西——作品，而且越自然越好。关于创造力，司马源和杜尚的看法是一致的，即凭空而来的创造力是不存在的，我们的创造力来自世界，我们从世界中获取了很多东西，然后再回馈给它一些东西，仅此而已。对她来说，艺术家应该是一种能够打通管道并制造一些可能性的人，所谓才华就是一个人"管道"通透的程度，当一个人的"心轮"全开时，外部能量全部涌来，艺术家就真的变成了一个媒介，根本不用发愁江郎才尽，只要使信息流通就好，反过来说，如果通道堵死了，那么人的内部能量是有限的，东西用完了，人就枯竭了。

司马源的头脑中每天都会冒出各种五花八门的方案，这些方案可能在现实世界中无法快速实现：她打算做一个关于猫的展览，带流浪猫来的人可以免票，而需要猫的人则可以从展览中挑一只带走，她希望把展览变成一个交流猫的媒介；她打算做一个类似安乐死一条龙服务的项目，但是似乎全世界除荷兰之外很难实现；她打算做一个叫作"一天避难计划"的项目，把她的美术馆提供给感到焦虑或不知道如何度过一天的人，避难一天，前提是和她之间互不干扰；她打算做一个叫作"无时限流水席"的项目，房间里有一张大饭桌，每个来的人都需要为大家提供一个菜，凑够了十三个人就开席，有人退席的时候有人就会补上，这样一直持续下去。在这些天马行空的方案中，艺术家成为一种沟通人和人、人和社会之间关系的枢纽，而项目和展览则成为一种人生的缩影。

主要个展（个人项目）

2021

- "Ziyang & Charmian"（紫阳与查米安），2021 年 5 月 7 日—2021 年 5 月 15 日，南京艺术学院美术馆，南京

2019

- "获取"，2019 年 10 月 26 日—2020 年 1 月 18 日，望远镜艺术家工作室，北京

2018

- "觉知"，2018 年 6 月 30 日—2018 年 7 月 20 日，尚巴美术馆，北京

2014

- "第二性"，2014 年 11 月 21 日—2014 年 12 月 22 日，第十届连州国际摄影年展，连州

2010

- "另一个欧洲"，2010 年 5 月 21 日—2010 年 5 月 27 日，中央圣马丁艺术与设计学院，伦敦，英国

主要群展

2021

- "G21 峰会"，威尼斯策展研究学院项目，威尼斯，意大利

2020

- "边界游离"，无同空间，长沙

2019

- "告白"，南京艺术学院美术馆，南京
- "塔韦纳斯：对于陌生的确信"，501 序空间，重庆

2018

- "元影像"国际影像展，泰达当代艺术博物馆，天津
- "北京国际摄影周 2018：展览的展览"，中华世纪坛，北京

2017

- "浮世相：新摄影大篷车计划"，南通市中心美术馆，南通

2016

- "17th OPEN 国际行为艺术节"，KUN 中国宋庄国际展演中心，北京

2015

- "首届长江国际影像双年展：是 & 非"，重庆长江当代美术馆，重庆
- "英国 FORMAT 15 国际摄影节：来自中国的 50 本当代摄影书 2009—2014"，圣沃伯格教堂，德比，英国

2014

- "浮世相：新摄影大篷车计划"，元典美术馆，北京

2013

- "设身 · 处地"，卡布索美术馆，卑尔根，挪威
- "寇德卡与中国摄影师作品展"，天津美术馆，天津

主要策展

2021
- "一个人在荒岛听"，北京民生现代美术馆，北京
- "何迟：切歌"，墨方空间，北京

驻留项目

2019
- Trelex Residencies（驻留机构），尼翁，瑞士

个人网站

www.simayuan.net

罗蔷

在过去和未来中重构现实

天气状况	晴 / 晴
气　　温	37℃ /24℃
风力风向	西南风 1~2 级 / 西南风 1~2 级
采访时间	2020 年 7 月 24 日，星期五，17：00—20：00
采访地点	Così Così（一般般吧），北京市朝阳区东五环草场地 280 号元色空间

2020年已经过去一半，疫情在北京和全国各地逐渐好转，很多影视项目重新启动，罗蔷也跟着忙了起来，她在艺术家之外的另一重身份是独立调色师。繁重的工作让我们的第一次约见落了空，一周之后，在草场地艺术区附近的一家咖啡厅，我见到了罗蔷。我踏入咖啡厅的那一刻，罗蔷正在写写画画中琢磨着自己的作品方案。自然而然，我们谈话就从疫情对她的影响开始。

新方案

　　疫情始于 2020 年春节。从那时起，罗蔷开始整理自己尚未实施的许多方案。她把手稿全部贴到墙上，重新归类，不太成熟的、偏离自己线索的统统删掉。另一方面，两个新方案也开始付诸行动。其中一件暂时被命名为《爸爸》的双屏影像装置，自年初开始酝酿，已完成了一部分拍摄。作品讲述了一个故事：某天夜里，一位老人突然醒来，发现自己失去了视力。老人反复开关灯，却怎么也看不见亮光，老人开始呼救。这时一个陌生人从院子进屋，走近老人的床头，告诉老人："你没有了眼睛，我是你的爸爸。"陌生人带老人出去找眼睛，一路上"爸爸"的愚弄、控制、打骂和奴役也随之而来。这是故事的前半段，而祛魅、反抗和自由则是后半段的内容，也是罗蔷想要的结局。另一件影像装置的名字叫《白湖》。有一天，好友刘天绪发朋友圈，宣称要开一家"时空旅行社"，罗蔷觉得好玩，就报名参与其中。天绪在游戏中设置了四个情境，参与者首先要回忆各自相识当天的所有见闻，然后谈话回到 20 世纪，从90 年代一路回溯，最终抵达 80 年代。所谓的"时空旅行社"其实就是视频聊天，纯粹通过语言描述重构过去。其中，最打动罗蔷的情境是回忆朋友的相识。2017 年 8 月，罗蔷在北京爱荷华艺术区的工作室遭遇了拆迁，作品《北京达尔文计划》（Beijing Darwin Plan）应运而生。两个月后《北京达尔文计划》在柏林市立画廊（Kommunale Galerie Berlin）"裂变的流徙：40 × Junge Kunst aus China"群展获评委会奖，罗蔷受邀前往柏林驻留。彼时另一位在北京经历过拆迁的艺术家张弱已经举家旅居柏林。同在柏林的还有行为艺术家李海光和刚刚在莱比锡艺术学院开始学业的刘天绪。异国相逢，几位好友在张弱位于白湖艺术区的工作室小聚。聚聚散散，从北京到柏林，罗蕾觉得一个圈终于画完整了。那天恰巧一个叙利亚朋友到张弱的工作室聊天，大家谈起各自的故事，叙利亚朋友说自己的家没了。那次聚会中弥漫的浓重的宿命感在罗蕾心里始终挥之不去——一些人，因为不同的原因无家可归，这成了大家相遇的共同原因。《白湖》讲的是记忆，更是追溯记忆。有意思的是，在视频聊天中回忆那次相遇，罗蕾和天绪给出的细节竟然很不一样。在一个人的记忆里，聚会发生在黄昏，而在另一个人的头脑中则是夜晚；一个人记得在艺术区里见过鹿、羊和孔雀，而另一个人则坚信没有孔雀，会有那样的记忆是因为张弱的女儿跳了一段孔雀舞。罗蕾觉得，大家的记忆会相互偏离，也许暗示了大家其实在以不同的视角看世界，每个个体的视角都随着时空的转换发生着流变，此一时彼一时。身处不同的时空、不同的阶层，每个个体都有着不一样的心境，一切都影响着我们对过去的判断。罗蕾希望找到记忆分岔的脉络，让故事走向一个核心——不只是描述记忆，而是通过呈现不同版本的过去，重构关于记忆的现实。

"废墟"一直是罗蕾创作中的一个核心意象。2017 年初，"常青藤计划"邀请王麟策划了青年策展人特别项目"是什么让我们的生活变得如此不同"。三个月里，八位（组）艺术家受邀进行创作，从个人生活经验出发，讨论人与城市的关联，项目最终在三远当代艺术中心展出。罗蕾和王麟志趣相投，都有一个天真的初衷，希望借助艺术让社会发生一些改变。几年之前，她就发现北京二环边的一些店铺陆续关门，买东西很不方便，于是开始关注整治"拆墙打洞"行动并采访了一些人。没过多久，她的工作室同样遭遇拆迁。这两件事促使她创作了《北京达尔文计划》。罗蕾组织艺术区的朋友们在拆迁废墟上玩了一场"水枪大战"，水枪里装的是红色颜料，玩起来有些诡异。视频以一种战争片视角的升格镜头拍成，在游戏《坦克大战》的背景音乐中，罗蕾和朋友们在"家"的废墟上玩了半天。游戏和战争、快乐和悲伤、幽默感和严肃性、艺术表达和社会问题都以一种近乎荒诞的方式相互消解，彼此扬弃。那段时间的罗蕾似乎完全进入了一种头脑发热、不管不顾的创作状态，一段稳定的感情也因此告终。她告诉我，现在想来《北京达尔文计划》依然很重要，这件作品提供了一种艺术的抵抗。这种抵抗能够超越现实问题，以幽默的姿态摆脱混乱不堪的现实。罗蕾笑称，往后的三年，自己好像被那件作品诅咒了，总是居无定所，但这可能就是在北京工作、生活的艺术家的共同体验吧。

黑先生

2019年春天的一次日本之行催生了影像装置《黑先生》（Mr. Black）。在去日本的飞机上，罗蕾一面想象着日本，一面回忆着过去，开始有了这样一种体验：时间给人带来结构性的改变，可见的和不可见的记忆附着在意识深处，构建出人行动的框架，也成为人进一步发展的限制。罗蕾虚构了一个关于日本黑帮的故事："黑先生"为黑帮智库工作，专门负责清除人的记忆，拿走人心智结构里的软肋，将一个个在帮派生活中表现欠佳的成员重新塑造成高效的模范职员。"黑先生"每次和一个人聊天，就会洗去这个人的一部分记忆，永远改变这个人基于这部分记忆的认知模式。经历这种意识洗牌的对象会走向不同的结局，有人拓宽自己，从执念中解放出来，获得自由；有人削减自己，困在某种固定的模式里，不再出来。与"黑先生"短暂相处之后，懒惰的人变得勤奋，怯懦的人变得勇敢，善良的人变得无情，悲伤的人心里只剩快乐。通过这种方法，"黑先生"让这些人彻底融入帮派生活，成为效力黑帮的绝佳工具。《黑先生》是罗蕾在疫情前的最后一件作品，先后参加了2019年的"自然抽离"（WITHDRAW FROM NATURE）、"数字悬浮岛"和2020年的"幻境：新物种跨媒体艺术展"（WONDERLAND: NEW MEDIAS ART EXHIBITION）。这件作品讨论的仍然是记忆和人的关系。相比之前的作品，这个故事少了一些诗意的表达，转向一种更加硬核的决定论探讨——人在多大程度上是由记忆构成的？改变记忆是不是等于彻底改变了一个人？在因果链之上还有没有自由意志？在这个故事里，耐人寻味的是黑先生本人彻底的超然：当一个人被彻底改变，这个人就失去了比较、评价两种生活的资格，而"黑先生"作为唯一的见证者，也是置身事外的，不同的命运在他眼里是一样的，本质上没有差别。对罗蓓来说，想象"黑先生"的存在就是认识到这样一个悖论性的事实：当我们采取见证者超然的视角时，自己的命运马上就会呈现出截然不同的意味，虽然我们能够改变自己的命运，但是这种改变本身也变得没有意义。

未来与过去

2017年，除在三远当代艺术中心展出的个人项目"北京达尔文计划"之外，罗蓓还有一个在陌上实验举办的个展"未来公民"（FUTURE CITIZEN）。她觉得这个世界有点儿糟糕，在现实生活中，一个人的想象力往往被其他人的想象力控制，那么，如果不谈现实，谈谈未来，我们的想象力是否可以得到释放？"未来公民"的方案分三个部分，像一个三部曲电影。第一部是开篇，描述未来世界的面貌；第二部包含两个故事，试图借助未来反思当下；第三部作为结局，引发观众对整个故事的思考。2017年4月，"未来公民"第一部在陌上实验展出，七件影像装置组成了三个单元。第一组作品由一扇太空窗和一把梯子构成，其形态和画廊房顶原有的一个圆形玻璃呼应，将展厅入口变成一艘宇宙飞船的太空舱。通过太空窗往外看，观众可以看到这个太空舱慢慢从地球升起，飞向宇宙，在途中遭遇一颗小行星的袭击，最后迷失在宇宙深处。另一件作品是过道中的一个电视播放的视频，视频串联起整个故事：在遭遇小行星空难之后，一位女性宇航员的太空船终于回到地球。宇航员惊讶地发现，那时的地球上已经没有人类，只有"未来公民"在重建地球文明。主展厅中的三件作品告诉我们，地球上的所有生物都被打散，成为一些粒子，人类意识统统被转化为程序。一旦程序发出指令，粒子就开始重组，成为未来公民。最后一件作品展示了一间实验室，人类蜕变成为未来公民经历的种种磨难被陈列出来。未来越荒诞，就越能引导我们反思当下，罗蕾试图提出一个问题："如果你看到灾难性的未来，你会在当下做些什么？如果未来是美好的，你又会如何看待此刻？"

2016年秋天，德国策展人妮妮（Antonie Angerer）和安娜（Anna-Viktoria Eschbach）联合创办的非营利艺术空间I: Project Space（项目空间）与北京ONE艺术周合作策划了"新陈代谢"（REMIXING THE LOCAL）项目，邀请来自世界各地的十二位青年艺术家在胡同中进行创作，罗蕾在史家胡同23号院实施了个人项目"造物者"（CREATOR）。从1946年到1958年，傅作义住在史家胡同23号院，据说1949年北平和平解放的决策诞生在这里。此后，这个院子被废弃了将近半个世纪，已经杂草丛生，人迹罕至。在这个院子里，罗蕾能够感受到人试图成为"造物者"的野心，她把投影打在堂屋外的走廊，画面中两个男人——一位政客和一位教师——手拉手走向一片常青藤，常青藤慢慢由绿色变成黑白。在一个画面中，两人从屋内一面墙上的黑白常青藤中走来，堂屋忽然变成一间教室，一人开始在黑板上写字，另一人开始讲课。在另一面墙上的画面中，一群中学生有的在听课，有的在擦玻璃。窗外，打印的黑白叶子被贴在常青藤上，取代了窗台和地面上原有的叶子。"造物者"的"造"更多强调的是改造，人对植物的改造，对空间的改造，对他人的改造。

罗蕾告诉我，"造物者"的意象最初出现在她2014年的两件拼贴绘画作品《启明星》（Morning Star）和《洗星星》（Landry Cosmic）中。《启明星》和《洗星星》画的是20世纪80年代末典型的中学校园。夜晚，学生们回到教室和走廊，擦拭玻璃，清洗星星，好像试图看清世界的真相。从2006年到2015年，罗蕾的绘画作品大都采用了拼贴的手法。2017年前后，当拼贴和怀旧在艺术圈重新流行起来时，她开始反思这种语言，转向影像创作。她觉得静态的图像似乎已经不能满足表达，尤其是看到陈界仁的《加工厂》（Factory）之后，这种共鸣变得更加强烈。

重构现实

2006 年，罗蕾在中央美术学院版画系上大二，她开始创作一个名为"为过去导演的戏剧"（Lost in Souvenir）的系列绘画。那年，她在潘家园旧货市场看到有人售卖父母的老照片，觉得非常心疼，也许对每个逝去的人来说，照片是他们存在过的唯一证据。罗蕾找出自己父母的老照片，扫描、冲洗，拼贴在素描纸上，画出照片之外的世界。这个系列延续了将近十年，共有五十余幅。由于创作期间遭遇抄袭，她对这个系列没了兴致，曾经放弃两年之久，后来在从德国回来的好友的鼓励下，这条创作线索才重新接上。2018 年于瀛在应空间策划的专门关注、研究和思考当代绘画实践的系列展览项目"去碑营"（STÈLES）第二期"自我作古"（VIVRE SANS TEMPS MORT）中展出了罗蕾 2009 年的《大河》（Great River）与 2013 年的《繁星》（Clusters of Stars）。罗蕾告诉我，她是一个比较看重记忆的人，这可能与小时候的经历有关。爸爸妈妈年轻时特别喜欢拍照，家里有很多相册。父母经常和她一起翻看老照片。这些过去的图像在罗蕾脑海中无限延伸，构成一个个美好的世界，成为她创作的宝藏。长大以后，随着关于记忆的思考逐渐深入，她开始不只对记忆本身感兴趣，而且对记忆的形成和发展感兴趣。在罗蕾看来，人生最早的记忆往往来自他人，后来慢慢来自自己。我们回忆里的图像，有的可供过滤，有的可供反思，有的可能给人片刻的慰藉，有的可能在很多年后让人灵光一现，催生出《白湖》那样的作品。

无论是回到过去的"造物者"，还是走向未来的"未来公民"，罗蓍创作的真正焦点始终在重构现实。2017年前后，"怀旧"与"科幻"在艺术家和策展人的圈子里成为热点话题，相关的作品和展览遍地开花。那一年《人类简史：从动物到上帝》（Sapiens： A Brief History of Humankind）的作者尤瓦尔·赫拉利（Yuval Noah Harari）出版了新书《未来简史：从智人到智神》（Homo Deus： A Bref History of Tomorrow），从那时起，冠以"未来"之名的艺术活动层出不穷。罗蓍认为，在大多数情况下，人们提到的"未来"是一种典型的未来，是人人向往的未来，这与"未来公民"的初衷完全不同，也许和"未来公民"的概念更接近的是那一年上映的《银翼杀手2049》（Blade Runner 2049）。提到这部电影时，罗蓍觉得这部包裹着未来表皮的电影，内核其实是关于现实和过去的思考。因此"北京达尔文计划""未来公民"和"造物者"其实殊途同归，对罗蓍来说，架上绘画也好，影像和声音装置也好，都是在现实中重新构建另一个现实，都是主观现实对客观现实的一种替代。

2015 年，罗蓍做了很多作品，她个人比较喜欢的是《云法庭》（Cloud Court）。在这件作品中，艺术家选取了五个当时在网络上极具争议性的社会事件，将其搬上虚构的"法庭"，每个事件的正反方陈述都由十个最有代表性的网友评论组成。"云法庭"有些类似现在的网上法庭，但不具备真正的法律效力。在罗蓍的设想中，未来"云法庭"也许可以成为社会事件的仲裁平台，每当一个公共事件出现，每一个人都能免费进入云法庭，加入原告或被告的代理律师团，在虚拟的框架中进行分析和讨论。这件作品没有使用太多的视听语言，而是聚焦文字本身的力量。文字在网络环境中以"流"的形态滚滚而来，快速显隐，难以琢磨，与作品审查之间形成了一种游戏关系。这种语言让罗蔷感受到一种关于自由的新的可能。她关注、思考社会问题，但大多数问题往往难以解决，《云法庭》带来了新的启发，艺术也许真的可以为我们提供一个能够平等讨论、分析种种问题的平台。

艺术机构批判

2015 年前后是一段年轻人的"黄金时代"，一方面是一批留学欧美的策展人、艺术家陆续回国，而另一方面则是全国各地的独立空间已经出现，他们的艺术实践提供了一种与学院和江湖系统都不太一样的路径。前一年，张永基和四位清华大学美术学院毕业的男生（吴升知、梁浩、李天琦、蒋同）创办了独立空间 On Space（之上空间 / 打开空间），后来陈凌杰、罗蔷和王将受邀参与其中。On Space 存在了两年，那两年大家在燕郊玩儿得不亦乐乎。2014 年初首展"不明觉厉"之后，大家计划做第二回展"不虚此行"（ONE'S TRIP WASN'T FOR NOTHING）。一个什么样的展览能让人"不虚此行"？在开会讨论的过程中，罗蔷最初提交的几个方案都被否定，萌生退意。张永基急了说："罗蔷，你得帮我啊，你得帮我撑场面啊。"于是，"撑场面"这个词就成了罗蔷作品的起点。这件作品原名就叫"不虚此行"，后来改为"梦一场"（Only a Dream）。"撑场面"是艺术界的普遍现象，在展览现场，许多人的目的往往不是观看作品，而是社交，通过"展览社交"寻觅更好的机会和平台，展览内容反而被忽略了。《梦一场》是一场关于展览的集体行为，不展示作品，只展示社交。罗蔷就近找了十位朋友扮演十个出席开幕式的重要人物，其中有官方政治人物、著名绘画大赛评委、"家喻户晓"的女明星、备受追捧的银幕英雄蜘蛛侠以及向观众递名片的媒体和艺术机构代表。开幕式异常热闹，观众全都沉浸其中，甚至没人发现这场"名人秀"是假的。"大领导"的假大空开幕致辞全由罗蔷杜撰，依然引得观众频频拍照、议论纷纷。开幕式之后，罗蔷展示出由十位演员朋友的照片拼贴而成的绘画，告诉大家一切其实只是"梦一场"。另一个与艺术机构批判有关的项目是"罗话儿多"（CHATTY LUO），2014 年开始策划，2015 年做了四期。由于后三期锋芒太露，话题涉及学院和江湖大佬，包括艺术圈潜规则，在王将的建议下只发布了第一集《罗话儿多对话独立空间和独立项目》。2015年底，罗蔷策划了"大型颁奖晚会"《扶不起罗蔷艺术权力榜》，旨在调侃当时流行的各大"艺术权力榜"，与"罗话儿多"呼应，算是对话项目的一个线下版作品。

时至今日，罗蔷与艺术圈保持着若即若离的关系。回望 2015 年前后热情洋溢的艺术实践，罗蔷发现，自己也好，朋友也好，艺术圈里的活动多多少少有点儿自娱自乐的意思，嬉笑怒骂的艺术创作时代已经远去，关于艺术，一些更加本质的问题刚刚浮现出来。在她看来，那段时间作品很多，展览很多，消耗也是巨大的。她评价自己是一个"特别会写命题作文的人"，在展览中如鱼得水，但也被各种各样的策展主题影响，渐渐偏离了自己的脉络。如果把艺术创作比作大树，那段时期的作品就不是从主干中长出的新枝，而是一些旁逸斜出的侧枝。与那时相比，罗蔷更加喜欢现在的状态，变被动为主动，可以牢牢抓住自己的主线，做自己真正想做的作品。过去那种好玩儿的恶作剧，那种充满挑衅意味的创作已经不是艺术的全部，她更加享受沉下来、慢下来做一件作品的方式，也许表面平静，但是暗流涌动，其中藏着力量和新的思想。

一半调色师，一半艺术家

除艺术家身份之外，罗蔷还是一位专业的独立调色师。当我问到这样的双重身份对艺术创作有何影响时，她告诉我，影响是双方面的。一方面，调色师这份工作使她的视野变得更加开阔。电影工业的专业性、技术性不仅能让一个独立艺术家学到更多技术手段，而且能让她对作品的"完成"有了更高的要求。在国内艺术市场，影像作品并不是最受欢迎的商品，原因不仅是受收藏方式和藏家传统观念所限，而且是由于影像艺术品在完成质量上往往还有欠缺，更关键的是这种欠缺主要不在技术层面，而在叙事和语言层面。她觉得，以电影工业的标准要求艺术影像不是坏事，但是工业电影和影像艺术之间似乎存在一条边界。对罗蔷来说，这个边界的意义是多重的，也许只是反映了我们对舒适区的某种需要，一旦打开，就要面对一个来自更广阔领域的拷问，一种关于本体的拷问。我们不得不面对这样的提问：影像艺术难道只是电影的边角料？与团队作战的工业电影相比，单打独斗的艺术影像是否有其独特之处？我们应该在多大程度上关注观众的体验，在多大程度上坚持艺术家的个体表达？另一方面，调色是一份费时费力的工作。罗蔷认为艺术家应该持续思考，从构想到实施最好一气呵成，但调色工作充满随机性，一个项目常常不期而至，需要马上进入高强度的工作状态。影视工业要求的高效和艺术创作要求的思考有时水火不容，好在罗蔷已经摸索出了自己的平衡方式。事实上，调色工作恰恰始于她一段活跃时期的尾声。在一段高频创作、高频参展的时期之后，罗蔷开始重新审视艺术圈的生态和自己的艺术家身份。她的选择是保持距离，全力工作，反思创作。调色工作获得的相对稳定的收入保障了生活，这让她有空间反思创作并完成一种生活的转向。最近两年，罗蔷买过一些年轻艺术家的作品。她觉得在这些坚持创作的艺术家身上看到的不仅仅是作品本身，更是艺术家的生命力。

主要个展

2017

- "北京　达尔文计划"，2017 年 6 月 3 日—2017 年 8 月 9 日，N3 画廊，北京
- "未来公民"，2017 年 4 月 8 日—2017 年 4 月 23 日，陌上实验，北京
- "光隐见影合离"，2017 年 3 月 11 日—2017 年 4 月 7 日，復言社，北京

2016

- "造物者"，2016 年 9 月 26 日—2016 年 10 月 17 日，史家胡同 23 号院，ONE 艺术节，北京
- "幻境"，2016 年 5 月 27 日—2016 年 6 月 24 日，名泰空间实验学院，北京

主要群展

2018

- "中国当代艺术年鉴展 2017"，北京民生现代美术馆，北京
- "去碑营 II：自我作古"，应空间，北京

2017

- "裂变的流徙：40×Junge Kunst aus China——第三届德中青年艺术家发展基金联展"，柏林 Kommunale 美术馆，柏林，德国
- "无量佛"，候鸟空间，柏林，德国
- "揭痂——现实主义羊肠小道：第 4 回"，"现实主义羊肠小道"项目组，北京
- "寻觅乌托邦"，柏林公共空间艺术中心，柏林，德国

2016

- "尖先生与卡小姐：项目 B"，宋庄美术馆，北京
- "枪与玫瑰"，波茨坦艺术空间，波茨坦，德国

2015

- "di'er"（地儿），I: Project Space，北京
- "2015 北京 798 艺术节第四届'推介展'青年展：架上"，798 玫瑰之名艺术中心，北京
- "常青藤计划2015·中国青年艺术家年展"，今日美术馆，北京
- "楼上楼下：On Space"，元典美术馆，北京

2014

- "青年艺术 100 香港站"，K11，香港

2013

- "N39°→N25°：青年艺术 100 精选展"，朝代画廊，台北
- "2013 年度青年艺术 100 北京启动展"，798 艺术工厂，北京
- "无差别 II——浮游：当代艺术展"，荔空间，北京

驻留项目

2015

- 中韩文化交流基金会，谭阳／光州，韩国

2017

- 参加 Kommunale 美术馆第三届中德青年艺术家发展基金联展，获德中文化交流基金会（GeKA e.V.）第三届 2017 年度评委会奖，2018 年 9 月驻留柏林，德国
- 参加 ARTMIA 亚洲青年艺术家评选，获第二届 ARTMIA 评委会奖，2018 年 11 月驻留香港

《通古斯》，单频 4K 影像（彩色，有声），66 分钟，2021 年，影像截图（图片由王拓提供）

《哭阵门》，双频 4K 影像（彩色，有声），30 分钟，2021 年，影像截图（图片由王拓提供）

《共谋失忆症》，单频 4K 影像（彩色，有声），26 分 51 秒，2019 年，"王拓：空手走入历史"展览现场（图片由尤伦斯当代艺术中心提供）

《痴迷录》，单频 4K 影像（彩色，有声），20 分 31 秒，2019 年，"王拓：空手走入历史"展览现场（图片由尤伦斯当代艺术中心提供）

《扭曲词场》，三频 4K 影像（彩色，有声），24 分 38 秒，2019 年，影像截图（图片由王拓提供）

王拓 ▍

《烟火》，单频4K影像（彩色，有声），31分18秒，2018年，影像截图（图片由王拓提供）

《审问》，单频高清影像（彩色，有声），18分35秒，2017年，影像截图（图片由王拓提供）

《角色扮演》，单频4K影像（彩色，有声），24分31秒，2016年，"王拓：空手走入历史"展览现场（图片由尤伦斯当代艺术中心提供）

《奠飨赋》，单频4K影像（彩色，有声），26分15秒，2016年，"王拓：空手走入历史"展览现场（图片由尤伦斯当代艺术中心提供）

"不可调和"展览现场（图片由麻剑锋提供）

"记忆术＋记忆宫殿"展览现场（图片由麻剑锋提供）

"绘画无声"展览现场（图片由麻剑锋提供）

"恶是"展览现场（图片由麻剑锋提供）

"金银岛"展览现场（图片由麻剑锋提供）

"U型回廊"展览现场（图片由麻剑锋提供）

"例外状态：中国境况与艺术考察2017"（图片由麻剑锋提供）

"MA"展览现场（图片由麻剑锋提供）

"气旋栖息者"展览现场（图片由麻剑锋提供）

《类似装扮》，单频高清录像（彩色，有声），共 5 集，总时长 8 分 12 秒，2021 年，致谢美凯龙艺术中心、马凌画廊和施博尔画廊，录像截图（图片由陶辉提供）

"节奏与知觉"展览现场，致谢马凌画廊（香港）、关尚智（图片由陶辉提供）

"节奏与知觉"展览现场，致谢马凌画廊（香港）、关尚智（图片由陶辉提供）

《演技教程》，单频高清录像（彩色，有声），16分43秒，2014年，致谢马凌画廊和施博尔画廊，录像截图（图片由陶辉提供）

《演技教程》，单频高清录像（彩色，有声），16分43秒，2014年，致谢马凌画廊和施博尔画廊，录像截图（图片由陶辉提供）

"城市下垫面与光的全反射"微线体天台艺术项目现场，2020 年（图片由余果提供）

《碛石与危岩：羊角镇的地表现实》，单频录像（彩色，有声），47 分 20 秒，2019 年，录像静帧（图片由余果提供）

《结界》，单频录像（彩色，有声），12 分 57 秒，2019 年，录像静帧（图片由余果提供）

《长焦摄像师》，单频录像（彩色，有声），11 分钟，2017 年，录像静帧（图片由余果提供）

《斯坦尼康》作品展览现场，北京公社（图片由余果提供）

《南方公园》，单频录像（彩色，有声），4 分 51 秒，2015 年，录像静帧（图片由余果提供）

《黑洞》作品展览现场，环形空间（图片由余果提供）

《红线》，单频录像（彩色，有声），4 分 39 秒，2013 年，行为现场（图片由余果提供）

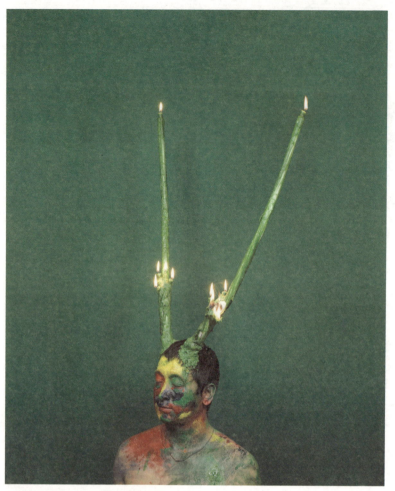

《Y- 青年》行为现场，2020 年（图片由刘成瑞提供）

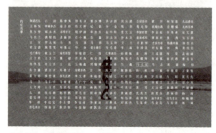

《十年》，高清视频，90 分钟，2016 年，视频截图（图片由刘成瑞提供）

"异教徒"展览现场（行为现场），没顶画廊（图片由刘成瑞提供）

"一轮红日"展览现场（行为现场），上品艺琅（图片由刘成瑞提供）

《惩罚骄傲》（FLYING BLIND）行为现场，2015 年（图片由刘成瑞提供）

《修鞋铺》行为现场，2012 年（图片由刘成瑞提供）

《寻找手指》行为现场，自 2010 年始（图片由刘成瑞提供）

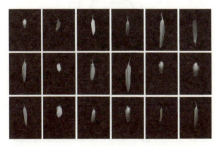

《还有羽毛》（共 18 幅）行为现场，2009 年（图片由刘成瑞提供）

《刮子移土 -3》行为现场，2008 年（图片由刘成瑞提供）

"重金属乡村巡演"现场记录（图片由坚果兄弟提供）

"北京黑话"现场记录（图片由坚果兄弟提供）

"邀请你把100个时钟从双年展偷走"现场记录（图片由坚果兄弟提供）

"NBB 新闻社"现场记录（图片由坚果兄弟提供）

"狗的爸爸在天上飞"现场记录（图片由坚果兄弟提供）

"无意义公司"现场记录（图片由坚果兄弟提供）

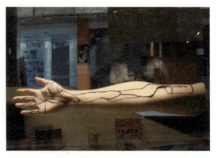

"我想和你一起搞艺术"现场记录（图片由坚果兄弟提供）

"沉默 100 分钟"现场记录（图片由坚果兄弟提供）

"30 天就倒闭书店"现场记录（图片由坚果兄弟提供）

《冻眼》，轮毂、陶瓷，108cm×78cm×23cm，2021 年（图片由关小提供）

《蛋，老年淤青》，陶瓷，尺寸可变，2021 年（图片由关小提供）

《翅膀上的鳞片，天空中的银河，触摸》，木板、模拟土、漆、丙烯颜料，92cm×132cm×7cm，2021 年（图片由关小提供）

"8 个故事"展览现场，天线空间（图片由关小提供）

"产品养殖"展览现场，波恩美术馆（图片由关小提供）

"个性已完全消失，唯有痕迹成为回忆纠缠在意识深处"展览现场，温特图尔市立美术馆（图片由关小提供）

《可享受关系》，黄铜、丙烯上色、轮毂、人造花圈，126cm×70cm×60cm，2017年（图片由关小提供）

《日出》，汽车排气管、人造花、汽车轮胎、灯箱，整体尺寸：480cm×158cm×40cm，灯箱：150cm×400cm×40cm，物件（后）：120cm×75cm×269cm，物件（前）：60cm×60cm×77cm，2015年（图片由关小提供）

《纪录片：地心穿刺》，综合材料，230cm×280cm×210cm×3个，2014年（图片由关小提供）

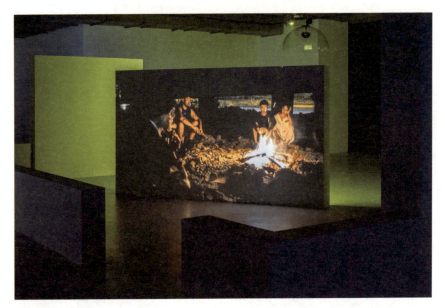

《骨头与篝火》，短片，4 分 38 秒，2020 年，OCAT 上海馆展览现场，致谢美凯龙艺术中心（图片由陈轴提供）

"平静，7"展览现场，拾萬空间（图片由陈轴提供）

《信号中的鬼魂》，短片，7分23秒，2018年，致谢金杜艺术中心、NOWNESS现在，短片截图（图片由陈轴提供）

《活生》，短片，12分50秒，2017年，致谢亚洲新西兰基金会、Blue Oyster艺术项目空间，短片截图（图片由陈轴提供）

《模仿生活》，电影，82分钟，2017年，电影截图（图片由陈轴提供）

《蓝洞》，短片，音乐制作：高嘉丰，22分钟15秒，2017年，白立方香港展览现场，致谢新世纪当代艺术基金、尤伦斯当代艺术中心（图片由陈轴提供）

《我非非非陈轴》，短片，34分钟，2013年，致谢魔金石空间，短片截图（图片由陈轴提供）

《路径》，电机、不锈钢卷、植物、杂物，2021 年（图片由蒋竹韵提供）

《网》，各种线缆，2021 年（图片由蒋竹韵提供）

"云下日志"展览现场（图片由蒋竹韵提供）

"云下日志"展览现场（图片由蒋竹韵提供）

《如果，结尾在开始之前》，电脑、丝杆模组、显示器、针式打印文本，2018 年（图片由蒋竹韵提供）

"系统生存"展览现场（图片由蒋竹韵提供）

"风中絮语"展览现场（图片由蒋竹韵提供）

"风中絮语"展览现场（图片由蒋竹韵提供）

《温度的频响》行为现场，2005 年（图片由蒋竹韵提供）

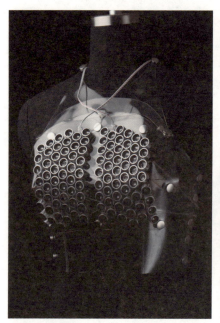

《声皮》，电子器件，纺织品，2018 年，致谢哈拉尔德·塞克斯图斯（图片由徐维静提供）

《电皮》，电子器件，纺织品，2016 年，致谢哈拉尔德·塞克斯图斯（图片由徐维静提供）

《平面纺织》《空间纺织》《悬浮宇宙》展览现场，卡佩利卡画廊（图片由徐维静提供）

《悬浮宇宙》展览现场，卡佩利卡画廊（图片由徐维静提供）

《平面纺织》《空间纺织》展览现场，南洋理工大学当代艺术中心，2018 年（图片由徐维静提供）

蚕纺织结构记录，2018 年（图片由徐维静提供）

《平面纺织》，正面，2014 年（图片由徐维静提供）

《活体设备》，电刺激培养皿样品设计，2013 年（图片由徐维静提供）

《活体设备》，刺激结果，大肠杆菌琼脂盘，2013 年（图片由徐维静提供）

"G21峰会"展览现场（图片由司马源提供）

"Ziyang & Charmian"（紫阳与查米安）展览现场（图片由司马源提供）

"获取"展览现场（图片由司马源提供）

《你家小孩流鼻涕总比你家小孩没鼻子好》，图像、文本，2019 年（图片由司马源提供）

《即使打破钟表我也无法阻止时间的流逝》，图像、文本，2019 年（图片由司马源提供）

《司马料理·鱼香鬼门关》，行为、影像，2020 年（图片由司马源提供）

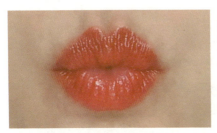

《风》，单频录像（彩色，有声），3 分钟，2020 年，录像截屏（图片由司马源提供）

《高速公路》，单频录像（彩色，有声），3 分钟，2018 年，录像截屏（图片由司马源提供）

《黑先生》，单频录像（黑白，有声），9分12秒，2019年，影像截屏（图片由罗蕾提供）

こうして、記憶を奪い去られた女は男の妻として作り上げられた。
彼女はしばしば茫然自失となり、自分が誰なのか、どこから来たのか、どこへ行くのか、全く分からなくなり、
失去记忆的女人就这样被物化成一个妻子，她常常很茫然，不知道自己是谁，从何处来，要到何处而去，
A woman who has lost her memory is objectified into a wife who is often at a loss to, not knowing who she is, where she is from and where she is going.

《黑先生》，单频录像（黑白，有声），9分12秒，2019年，影像截屏（图片由罗蕾提供）

《北京达尔文计划》，单频录像（彩色，有声），2分30秒，2017年，影像截屏（图片由罗蕾提供）

"未来公民"展览现场（图片由罗蕾提供）

"未来公民"展览现场（图片由罗蕾提供）

"未来公民"展览现场（图片由罗蕾提供）

"未来公民"展览现场（图片由罗蕾提供）

《洗星星》，铅笔、彩笔、绢，74.5cm×52cm，2014年
（图片由罗蕾提供）

艺术家

王拓（b.1984）　　　　　　　　　　**麻剑锋（b.1983）**

艺术家，成长于中国长春，现工作生活于北京。他的艺术实践以影像、行为、绘画为主并涉及多种媒介，通过在预设情境下对他人真实生存经验以及文献行为化的介入来揭示当代人类境遇与精神遗产之间不稳定的关系，他的作品中经常基于对已有的文献（如文学、电影、戏剧、美术史）的引用来建立一个多重叙事的情节迷宫，在那里有关当代社会的戏剧化的幽默而荒诞的成分被展示出来。王拓的实践也同时探讨了人造观念和意识形态是如何从其历史背景中生发而出并与持续变化的社会状况相适应的主题。

艺术家，1983 年生于浙江丽水，2007 年毕业于中国美术学院公共艺术学院壁画系，2011 年毕业于柏林艺术大学与中国美术学院合作研究生项目，获柏林艺术大学艺术硕士，2012 年毕业于柏林艺术大学综合艺术系，获"大师生"称号，现工作生活于北京。麻剑锋擅长利用日常生活中的废旧材料与素材进行创作，通过造型、拆解、组合与布置的手段打乱材料及图像中固有元素的秩序，以绘画装置的呈现方式制造混沌而充满歧义与能量的戏剧化场域，从而探讨某种"空间政治学"。

陶辉（b.1987）　　　　　　　　　　**余果（b.1983）**

艺术家，1987年出生于重庆云阳，2010年毕业于四川美术学院油画系，获学士学位，现工作生活于北京。虽然毕业于油画系，但陶辉的作品以影像和装置艺术为主，从个人记忆、视觉经验和大众文化中积累素材，通过提炼与改造形成崭新的叙事模式和影像风格。陶辉从社会身份、性别地位、种族问题和文化危机等问题入手，以荒诞、吊诡、夸张的场景搭建，充满隐喻和错位感的人物设置，呈现出当代人的集体经验，带动观者正视自身的文化历史、生存现状和社会身份。

艺术家，1983年出生于四川通江，于2006年毕业于四川美术学院油画系，现工作生活于重庆。余果的创作涉及绘画、录像、写作等多种媒介。他的工作以空间实践为向导，强调用身体结合媒介的记录方式进入现实空间。根据空间实践，余果强调用身体和媒介结合的方式记录发生在现实空间中的创作过程。近期作品注重影像和文本间的相互编织，以及社会现实中可见与不可见的互相渗透。

刘成瑞（b.1983）　　　　　　　　**坚果兄弟（b.1981）**

艺术家，1983 年生于青海，现生活于北京。
其创作以身体为核心，通过行动、表演、绘
画、写作等方式凸显对生命意志的坚守和超
越。2006 年发起的"十年计划"是其创作
的温和基石，期望以约定为纽带和众多参与
者在漫长的时间中重塑彼此的生命图景和
社会人格。

艺术家，1981 年生于湖北，常居深圳。借
艺术的名义进入生产力体系，开过书店、面
馆、公司、新闻社、超市、火锅店，搞过巡
演，和成千上万的人建立或浅或深的关联或
友谊。

关小（b.1983）　　　　　　　　**陈轴（b.1987）**

艺术家，1983 年生于重庆，现工作和生活在北京。作品涉及雕塑、录像、装置等多种媒介。她用高度"拼贴"的方式，借由不同的主题，将身份、历史、地域文化以及琐碎的日常生活重塑，融入虚构的角色或物种中，并赋予它们文学化的新身份。通过在材质与概念中制造矛盾来强调差异性与趣味的重要。

艺术家，1987 年生于浙江，2009 年毕业于中央美术学院数码媒体系，获学士学位，现居住并工作在上海。他的创作综合影像、绘画和写作，他认为我们用定义建造了世界这所监狱，而自由是定义生成之前的不确定态。艺术创作的使命正是通过揭示定义的荒唐性从而瓦解其所构建的牢笼。陈轴的创作围绕着囚禁和解放，一方面描述当代生活中的死亡属性，同时以幽默的方式拆解固有经验，释放世界本来的不确定态。他的首部长篇电影《模仿生活》（2017）获得哥本哈根纪录片电影节新视野奖、韩国 DMZ 电影节亚洲视点奖，并入围第六十一届伦敦电影节。作为艺术家他入选了 ArtReview Future Greats 2018。

蒋竹韵（b.1984）

徐维静（b.1985）

艺术家，1984 年生于杭州，2007、2014年先后毕业于中国美术学院新媒体艺术系、跨媒体艺术学院，现生活工作于杭州。蒋竹韵以问题机制为导向，其创作和研究方向涉足装置、行为、网络、声音、程序等多种媒介及形态，现就职于中国美术学院跨媒体艺术学院，参与编程、声音等教学工作。2017 年入围第五届三亚艺术季"华宇青年奖"。

艺术家、设计师和研究者。她的作品往往探索机器、生物、感官逻辑，试图重新定义有机与电子媒介之间的边界、创造新形式，这些创作通常以实物、机器、装置和可穿戴设备的形式呈现。她的作品曾在中国、美国、澳大利亚以及欧洲多国的多个机构展出。最近她开始研究数据、网络和赛博空间领域的问题。她是昆山杜克大学媒体与艺术助理教授，曾在多个机构进行讲座、从事研究。她与设计师、艺术家、教授白培耕（Benjamin Bacon）共同创建了位于上海的跨学科设计实验室 Dogma Lab。

司马源

罗蔷（b.1985）

艺术家，先后毕业于南京大学生命科学学院和伦敦艺术大学传媒学院，获理学学士和艺术学硕士学位。2015 年发起长期艺术项目"一个人的美术馆"，2020 年作为联合创始人策划并主持播客节目"水头电台"，目前工作生活于北京。作为一名具有科学与艺术双重学科背景的艺术家，司马源的创作展示出科学的逻辑之下的艺术感受力，其作品通过日常生活的个体经验，反映出时代环境赋予个体的角色意义。对她来说，消费时代和网络时代是激发艺术创作和想象的来源，借此可以唤醒观众对当下人类真实处境的思考。

艺术家，2005 年毕业于北京工艺美术学校绘画专业，2009 年毕业于中央美术学院版画系，获学士学位，现生活工作于北京。时空一直是罗蔷研究的主题与方向，对她而言，主要线索是重构现实。借助绘画和影像装置，艺术家可以在一个时空里构建另一个时空，两重时空交叠，暗示出现实的另一种形态，引发观众重新思考"当下"的意义。

附录

重庆工作研究所：鲍大宸、董勋、李波、石青、吴剑平、姚梦溪、阳光影、余果

2022

重庆工作研究所第五季直播（2022 年 1 月 8 日—2022 年 1 月 10 日）：

- 董勋 + 吴剑平：《山城防御体系：黄桷坪》
- 石青：《雾，黄桷树和后勤城市》
- 李波：《倒仓》
- 姚梦溪：《数据仍然不足……无法作答》

2020

重庆工作研究所第四季直播（2020 年 12 月 30 日—2020 年 12 月 31 日）：

- 古晓欢：《幸福公园》
- 石青：《病水库与谋杀案》
- 李波：《草图》
- 董勋 + 吴剑平：《山城防御体系：立体城市的行动指南》

2019

- 石青：《大田湾的跳伞塔：女性，体育媒介与空间技术》
- 李波：《分离术》
- 姚梦溪：《四封信》
- 余果：《碛石与危岩——羊角镇的地表现实》
- 黄淞浩：《蔓生——猕猴桃政治生态学》
- 阳光影：《重庆断链》
- 鲍大宸 + 董勋 + 吴剑平：《山城防御体系》
- 李波：《海绵城市》

2018

- 鲍大宸、李琳钰、刘皓南、单子曦、吴剑平、严然、余果、杨光影：《重庆漂移》
- 吴雨航、黄奥、魏逸丰、张荷、殷晖、谢金时、袁叶、董勋：《螺旋控视》
- 古晓欢、江松、李波、彭麒宇、谭杰予：《魔幻桃花源》
- 鲍大宸 + 董勋 + 吴剑平：《移动的后方》
- 石青：《反物质与流体城市》
- 阳光影：《重庆盗链》
- 余果：《结界》

水头电台：李泊岩、司马源、曾谙艺

2021

- 水头电台 15：水头电台 × 新艺动儿童病房艺术陪伴项目 | 天使，别怕（2021 年 12 月 9 日 19：21 发布）

  时间线

  匿名小天使和志愿者老师们：课堂实录片段

  李呦呦（7 岁）：小提琴演奏《魔女宅急便》

  弗大（10 岁）：《剑》

  孟林熹（8 岁）：《深夜打枪和努力跳绳》

  李呦呦（7 岁）：小提琴演奏《天空之城》

  艾子（3 岁）：《如何把自己从梦中拯救出来》

  刘牧也（4 岁）：《10 月 5 日 18 点 00 分》

  新艺动：新艺动儿童病房艺术陪伴项目宣传片

  匿名小天使和志愿者老师们：课堂实录片段

  匿名小天使讲作品：《剑与藏宝盒》

  伊迪娜·门泽尔（Idina Menzel）和一位志愿者老师：《冰雪奇缘》（Let It Go）& 冬日绘画课实录

- 水头电台 14：三对儿火枪手（2021 年 11 月 9 日 12：29 发布）

  三对儿火枪手

  梁浩 × 孙一舟：《更近》（Closer），2021

  郑维 × 刘冠南：《不可见之物的感知形式》（The Perceived Form of the Invisible），2021

  陈锦康 × 王聃宇：《3×2》，2021

- 水头电台 13：一个人在荒岛听（下）& 展览现场（2021 年 8 月 13 日 16：01 发布）

  播放列表

  陈帅：《月光，屿，无花果树尖》（Moonlight, Island, Fig Tree Crooned），2021

  童义欣：《座头鲸_戈多海岸》[Humpback Whale（Megaptera Novaeangliae）_Gordo Bank]，选自专辑《人鲸歌曲》（Human Whale Songs），2021

  洪启乐：《濼》（Po），2009

  曾谙艺：《炼之岛》（Lilianna's Island），2021

  冯晨：《2021 年 3 月 11 日 13：20—14：20》，2021

- 水头电台 12：一个人在荒岛听（上）（2021 年 6 月 18 日 14：01 发布）

  播放列表

  李振华：《一个人在荒岛 2020 年 12 月 1 日至 2020 年 12 月 31 日》（One Man at a Lonely Island Dec 1st to Dec 31st 2020），2020

  颜磊：《精确打击》（Accurate Strike），2019

刘恪:《话痨》(Chatterbox),2021

卢明(制作:王潇扬):《20210307》(Mar 7,2021),2021

杨二:《构成 2》(Composition 2),2019

- 水头电台 11:一周年台庆 & 冯晨个展(2021 年 3 月 25 日 16:46 发布)

冯晨声音个展《2021 年 3 月 11 日 1:20—2:20》,双声道(立体声)音频,

时长 60 分钟

- 水头电台 10:BWV 988 的 15 种吃法(2021 年 3 月 8 日 20:00 发布)

巴赫:《哥德堡变奏曲·第三变奏》

1. 埃琳娜·巴尔沙伊(Elena Barshai)

2. 格伦·古尔德(Glenn Gould)

3. 罗莎琳·图雷克(Rosalyn Tureck)

4. 鲍勃·范·阿斯佩伦(Bob Van Asperen)

5. 安德烈·加夫里洛夫(Andrei Gavrilov)

6. 彼得·塞尔金(Peter Serkin)

7. 克劳迪奥·阿劳(Claudio Arrau)

8. 默里·佩拉希亚(Murray Perahia)

9. 理查德·埃加(Richard Egarr)

10. 旺达·兰多芙斯卡(Wanda Landowska)

11. 朱晓玫

12. 玛丽亚·尤迪娜(Maria Yudina)

13. 盛原

14. 安杰拉·休伊特(Angela Hewitt)

15. 郎朗

2020

- 水头电台 9:赫尔辛根默斯肯(2020 年 12 月 30 日 19:00 发布)

时间线

刘恪:《潜行者》(Stalker),2020

任瀚:《宣言》(Manifesto),2020

胡尹萍:《大蒜》(Garlic),2020

于瀛:《生活总是在等待正确的行动时机》(Life is about Waiting for the Right Moment to Act),2020

李丽芳:《海港》(Harbor),2000

郑力敏:《盈港东路保温壶的编程游戏》(Hello Potter!),2020

欧阳苏龙:《降维》(Dimensionality Reduction),2020

赵玉:《我为什么要如此努力工作?》(Why Should I Work So Hard?),2020

曹久忆:《宇宙会不会是一个沙丁鱼罐头?》(Is the Universe a Canned Sardine?),2020

泽贝纽·普瑞斯纳(Zbigniew Preisner):《范·登·布登迈尔协奏曲》(Van Den

Budenmayer Concerto en Mi Mineu，Version de），1798

- 水头电台 8：离心机、锥形瓶、脉搏与大地（2020 年 11 月 11 日 19：29 发布）
  时间线

  不愿透露姓名的副主任医师：新生儿抢救现场，复旦大学附属儿科医院

  托恩·克里斯汀·比约达姆（Tone Kristin Bjordam）+ 马丁·谢弗（Marten Scheffer）：《临界转变》（Critical Transitions）

  刘俊博士：离心机、摇床、定时提示音，欧洲高级研究中心［Center of Advanced European Studies and Research（CAESAR）］

  路易吉·鲁索洛（Luigi Russolo）：《城市的觉醒》（Awakening of a City）

  王晓建博士：协和论坛演讲，中国医学科学院阜外医院心血管疾病国家重点实验室

  《关于人性和宜居性的故事》（A Tale of Humanity and Habitability），Globaia 环保组织

  刘俊博士：两位德国科学家的闲聊，欧洲高级研究中心

  徐驰博士：人类文明兴起与衰落节律的声音化，南京大学生命科学学院

  朱婧博士：土壤圈层系统讲解，广西师范大学

  菜菜博士：离心机，哈佛医学院（Harvard Medical School）

  鲁索洛·路易吉 + 先锋派 + 普拉特拉 + 约翰·凯奇 + 伊登（Russolo Luigi + Avant Garde + Pratella + J. Cage + EDEN）：《难以区分的电子点击》（Indistinguishable Electronic Clicking）

  马妍博士：抗体质检实验室工作日常，宜康杭州（Abcam Hangzhou）

  菜菜博士：混合设备噪音，哈佛医学院

  机器狗跑步实验，波士顿动力公司（Boston Dynamics）

  菜菜博士：设备报警，哈佛医学院

- 水头电台 7：何迟专辑《切歌》珍藏版 CD 首发（2020 年 9 月 18 日 15：00 发布）
  播放列表

  《不再让你孤单》（Wish You Were There）

  《那些花儿》（The Flowers）

  《外面的世界》（The Outside World）

  《花心》（Say You Love Me）

  《好久不见》（How Have You Been）

  《夜半歌声》（Music of the Night）

  《吻别》（Take Me to Your Heart）

  《我只在乎你》（I Only Care About You）

  《我是不是你最疼爱的人》（Am I the One You Love Most）

  《小小的太阳》（Little Sun）

- 水头电台 6：「展览」今天我获得了财务自由（2020 年 7 月 31 日 19：58 发布）
  播放列表

  戴卓群：《纵横四海》（All Over the World），2020

宋兮：《发财小曲》（Song of Fortune），2020

李燎：《硬拉 110KG》（Deadlift 110KG），2020

付帅：《助手》（Assistant），2020

刘勃麟：《春雨后的隔壁老王》（Lao Wang Next Door Drenched by a Spring Rain），2020

卢明：《我和我的祖国 2020》（My Motherland and Me 2020），2020

Aaajiao：《3 楼》（The 3rd Floor），2020

李晴：《黑夜像拆开的机器》（The Night is Like a Broken Machine），2020

罗苇：《z—6：/～、🌐》，2020

王智一：《俄尔普斯》（Orpheus），2020

● 水头电台 5：「展览」翻了个身又睡了（2020 年 6 月 30 日 19：30 发布）

播放列表

杨欣嘉：《春天的素材》（Material of Spring），2017

刘耀华：《美景》（Great Scenery），2012

童义欣：《哀鸽教我说人话》（Mourning Dove Teaches Me to Speak Human Language），2020

孔雀：《鼹鼠的早晨》（A Mole in the Morning），2020

李舜：《回响》（Echo），2020

赵斐 + 胡嘉兴：《即兴四手联弹》（Whisper of Silence），2020

钟云舒：《不要说话》（Don't Talk），2020

梁浩：《欧律狄刻与欧几里得》（Eurydice and Euclid），2020

耶苏：《水 - 头》（water-head），2020

童昆鸟：《呼噜》（Snore），2020

● 水头电台 4：2020 太空漫游（2020 年 6 月 10 日 21：07 发布）

播放列表

巴伐利亚广播交响乐团：《安魂曲》，女高音，次女高音，两个混声合唱团和管弦乐队（Bavarian Radio Symphony Orchestra：Requiem for Soprano，Mezzo Soprano，Two Mixed Choirs & Orchestra）

NASA（美国国家航空和航天局）：

水星（Mercury）

金星（Venus）

地球 + 月球（Earth + Moon）

火星（Mars）

木星（Jupiter）

土星（Saturn）

天王星（Uranus）

海王星（Neptune）

冥王星（Pluto）

太阳（Sun）

黑洞（Black Hole）

宇宙深处（Deep in the Universe）

爱德华·阿特米耶夫：《P. 勃鲁盖尔〈冬天〉图》（Edward Artemiev: Picture P. Brueghel "Winter"）

- 水头电台 3：异次元人生（2020 年 5 月 26 日 20：25 发布）

  播放列表

  《圣斗士星矢》白羊宫 & 游戏实战（Saint Seiya Aries & Game Practice）

  《超级马里奥兄弟》第一关 &25 周年纪念版（Super Mario Bros. Level 1 & 25th Anniversary Edition）

  《大航海时代 II》主题曲（Uncharted Waters II Theme）

  《魔兽世界》主题曲（World of Warcraft Theme）

  电影《七侠荡寇志》主题曲 &《荒野大镖客 II》主题曲（The Magnificent Seven & Red Dead: Redemption II Theme）

  《伊迪芬奇的秘密》主题曲（Edith Finch Theme）

  《和平精英游戏大厅》& 电影《大逃杀》片尾曲（Game For Peace Game Hall & Nouveau départ en voyage）

  水头电台特别制作：《黑岛（纪念黑岛工作室）& 异域镇魂曲》［Black Isle（In Memory of Black Isle Studios）& Planescape: Torment］

- 水头电台 2：马尔科的微笑（2020 年 4 月 15 日 20：34 发布）

  播放列表

  卡洛斯·达莱西奥：《黑店狂想曲》电影原声，1991（Carlos D'Alessio: DELICATESSEN, 1991）

  德米特里·德米特里耶维奇·肖斯塔科维奇：《第二圆舞曲》，1938，费城交响乐团，2006（Dmitriy · Dmitriyevich · Shostakovich: The Second Waltz, 1938, Philadelphia Orchestra, 2006）

  大卫·鲍林：《受害者 #1》，2018（David Boring: Victim#1, 2018）

  玛格丽特·尤瑟纳尔：《马尔科的微笑》，1938（Marguerite Yourcenar: Marko's Smile, 1938）

  布卡乐队：《布卡蓝》，2005（Burka Band: Burka Blue, 2005）

  非洲俾格米人：《狩猎归来后的欢乐之歌》，1998（The Ba-Benzélé Pygmies: Song of Rejoicing after Returning from A Hunt, 1998）

  特里·莱利：《探戈》，2009（Terry Riley: Tango Ladeado, 2009）

  水头电台：《一切都会好起来的！》，2020（Waterhead Radio: Andrà Tutto Bene!, 2020）

  - 水头电台 1：禅与革命（2020 年 3 月 25 日 20：23 发布）

播放列表

斯蒂夫·莱奇：《第三节 B》（Steve Reich：Section III B），1978

约翰·凯奇：《0'00"》（John Cage：0'00"），1962

池田亮司：《4'44"》（Ryoji Ikeda：4'44"），1998

艾伦·金斯伯格：《NBCSUPAPINSLIFE》（Allen Ginsberg：NBCSUPAPINSLIFE），1988

埃尼奥·莫里康内：《在森林和大海之间》（Ennio Morricone：Tra la foresta e il mare），1972

亨宁·克里斯蒂安森 + 博伊斯 + 白南准：《告别交响曲（作品 177）》

[Henning Christiansen+Joseph Beuys+Nam June Paik，Abschiedssymphonie（Opus 177），1987]

后记：两年里认识的十二位新朋友

2019 年底我完成了《十二次访问：策展人》一书，并把书稿交给机械工业出版社艺术设计分社的马晋老师。与此同时，我总觉得好像关于年轻艺术工作者的调研工作至少应该有策展人和艺术家两个部分，因此也没多想就托十二位策展人朋友每人帮我引荐一位与她/他们年龄相仿的艺术家朋友，这十二位新朋友自然而然成了《十二次访问：艺术家》这本书中的采访对象。一个念头一旦动了，工作就要进行下去。

令人始料未及的是 2020 年初新冠疫情的暴发让所有工作都停了下来。与上本书六个月完成采访，三个月完成写作的速度相比，这本书的采访和写作令人身心俱疲。原计划 2020 年上半年完成的采访迟迟无法开始。好在新冠疫情最初的居家隔离期间我完成了《数字艺术：数字技术与艺术观念的探索（原书第 3 版）》的翻译，而且《十二次访问：策展人》的出版有序推进，并于 2020 年 12 月出版，这对我来说多少算是一些安慰。2020 年 12 月 3 日，我应张次禹之邀在中央民族大学做了一次分享，2020 年 12 月 12 日与倪军、李佳、于瀛、李贝壳、富源、王熠婷、张思锐、彦风一起在北京南锣书店做了第一场新书发布活动，2021 年 3 月 19 日和 20 日与卞卡、魏颖、杨紫、姚梦溪、罗晓冬又在南京先锋书店和苏州诚品书店做了两场新书发布活动。老师、朋友的帮助和学生、读者的热情一次又一次地鼓励我把这个微不足道的项目继续做完。

这次的采访始于 2020 年 7 月 24 日，终于 2021 年 7 月 15 日，前后历时十三个月，此后又过了五个月才最终完成写作，因此整个过程花费的时间是上次的两倍。期间由于种种原因，艺术家更换了两位，而且这次的十二位艺术家中有四位不在北京（上次只有李泊岩在天津，其他都在北京），因此我 8 月去杭州采访了蒋竹韵，9 月去上海采访了陈轴，11 月去重庆采访了余果，并在重庆"抓住"坚果兄弟做了采访。我不得不佩服上本书中十二位策展人的眼光和格局，她／他们之间虽然没有商量，但是帮我引荐的艺术家都极具"人类学"样本特点：她／他们大都毕业于艺术院校的美术和设计专业，但也有非艺术院校和非艺术专业出身的；她／他们大都以艺术创作为主要工作，但也有参与展览策划工作的；她／他们的创作媒介涉及绘画、雕塑、装置、摄影、电影、录像、行为、观念、声音、生物、社会行动、社交媒体；她／他们的创作主题涉及历史复杂性、空间政治学、大众文化与个人记忆、身体进入空间、行为的意义、以艺术为名、拼贴、建构悖论与解构荒唐、消费者与生产者、艺术与科技、随手主义、重构现实。最有意思的是，上本书的十二位策展人中有四位男性和八位女性，而这本书的十二位艺术家中则有八位男性和四位女性，男女比例正好反过来。这也许无法说明策展人和艺术家这两个领域从业者的性别比例，但是仅就这两本书而言，体现了一种巧合的平衡和所谓的"政治正确"。

我曾在一次分享活动中总结这两本书的一些特点：第一，我一直想把这两本书当作一个作品来做，虽然是一系列采访和对谈，但这些采访和对谈不是以一问一答的方式呈现，而是由我从第一人称的角度把聊天内容重新整理编辑出来，所以在这个意义上说，它更像是创作了。第二，这个项目呈现的不是宏大的关于中国当代艺术从业者生态的文献和档案，而是微小的关于中国年轻策展人、艺术家朋友圈的记录。第三，两本书之间形成了一种策展人与艺术家合作的"关系"。第四，在整个过程中，我只是承担了一个写作媒介的作用，我没有参与策展人的遴选，也没有参与艺术家的遴选。第五,两本书完成的时间有些意味深长,第一本完成于 2019 年,第二本完成于 2020 年和 2021 年,期间发生了新冠疫情这件大事,那么从 2019 年到 2020 年对全球各行各业来说都是一个大转折,我在做第二本采访的时候开场白都是"新冠疫情对你有什么影响?你在疫情期间做了什么新作品和新方案?",所以这两本书折射出艺术生态在新冠疫情前后的一个变化。最后一点,可能这些口述和记录还是有一些文献和档案的作用,无论这些策展人和艺术家会继续展开她 / 他们的实践,还是从此开始一次转向,这两本书都忠实地呈现了一种生态。我希望这是我今后工作的一个开始。

在《十二次访问:艺术家》即将完成之际,我首先需要感谢十二位艺术家的慷慨分享,她 / 他们都修改和审定了与各自有关的文稿,并提供了大量相关图片;其次应该感谢于渺老师。请她作序的原因一是读了她作为策展人给 2019 年偏锋新艺术空间的展览"倪军:一个棘手的个案"写的前言,二是读了她作为研究者给 2020 年英国 Afterall 出版社展览史系列丛书(Exhibition Histories)第十一本《不合作的共存:2000 年的上海当代艺术展览》(Uncooperative Contemporaries:Art Exhibitions in Shanghai in 2000)写的文章,我惊叹于她对艺术家和展览史研究的独到视角,当然中英文之好就不用说了,后来经热情的司马源引荐,于渺老师接受了我的邀请;再次应该感谢机械工业出版社艺术设计分社的饶薇、马晋、陈末予三位老师,她 / 他们专业、高效、热爱艺术、尊重作者,与她 / 他们的三次合作都非常愉快;最后应该感谢我的妻子张欣,她把这两本书设计成一白一黑,完美地诠释出二者之间的关系。

李镇

2021 年 12 月 1 日

本书是《十二次访问：策展人》的姊妹篇，同样由十二篇访谈组成，受访者是十二位活跃的年轻艺术家。她／他们以 80 后为主体，自 2010 年前后开始进行艺术实践。本书以 2020 年和 2021 年为一个时间切片，记录、整理了她／他们近十年极具创造力和多样性的案例，试图呈现一份关于中国年轻艺术家的"人类学"样本，唤起读者对她／他们的好奇心，同时本书涉及的大量案例和工作方法也可以作为资料供更年轻一代的艺术从业者参考和借鉴。

图书在版编目（CIP）数据

十二次访问. 艺术家／李镇著. — 北京：机械工业出版社，2022.12
ISBN 978-7-111-72002-7

Ⅰ.①十… Ⅱ.①李… Ⅲ.①艺术家 – 访问记 – 中国 – 现代 Ⅳ.①K825.7

中国版本图书馆CIP数据核字（2022）第212037号

机械工业出版社（北京市百万庄大街22号 邮政编码100037）
策划编辑：马 晋 责任编辑：马 晋
责任校对：史静怡 王明欣 责任印制：李 昂
北京联兴盛业印刷股份有限公司印刷

2023年1月第1版第1次印刷
140mm × 210mm · 7.875印张 · 2插页 · 200千字
标准书号：ISBN 978-7-111-72002-7
定价：68.00元

电话服务 网络服务
客服电话：010 – 88361066 机 工 官 网：www.cmpbook.com
010 – 88379833 机 工 官 博：weibo.com/cmp1952
010 – 68326294 金 书 网：www.golden-book.com
封底无防伪标均为盗版 机工教育服务网：www.cmpedu.com